ISBN: 9783911386081

Imprint: Independently Published
Edited by **Paloma Lozano García, Jaume Llorens & Laura García Gracia**

Spanish Sentence Builders

TRILOGY

PART III

A Lexicogrammar approach

Answers & transcripts

This is the answer & transcripts booklet for "Spanish Sentence Builders – TRILOGY – Part III – A Lexicogrammar approach"

SENTENCE BUILDERS TRILOGY
PART III - TABLE OF CONTENTS

TERM 1		
1	Talking about a past holiday: where we went & stayed	1
2	Talking about a past holiday: what we did & our opinion of it	7
3	Back to reality: describing a typical day in the present, preterite & near future	13
RP	**Midpoint retrieval practice – Term 1**	19
4	Describing a typical day at school	20
5	***OPTIONAL: Talking about when I went to *la Tomatina***	27
QS	**End of Term 1 – Question Skills**	33
TERM 2		
6	Talking about yesterday after school	34
7	Talking about what I did last weekend	40
RP	**Midpoint retrieval practice – Term 2**	46
8	Talking about a recent outing to the cinema with friends	47
9	Talking about a birthday party we went to	53
10	***OPTIONAL: Making plans for next weekend**	59
QS	**End of Term 2 – Question Skills**	65
TERM 3		
11	What jobs my family & I do, likes and dislikes	66
12	My dreams and aspirations: my life plans	73
RP	**Midpoint retrieval practice – Term 3**	79
13	Talking about celebrities & role models: their journey to success	80
14	My summer holiday & back-to-school plans	87
QS	**End of Term 3: Question Skills**	93
*** Units marked with an asterisk are optional**		

TERM 1

UNIT 1. Talking about a past holiday

TRANSCRIPTS

1. Multiple choice

e.g. Fui a los Estados Unidos con mi hermano.
a. Fui de vacaciones hace un mes con mi familia. b. Fui a Alemania con mi familia.
c. Viajé en avión y el viaje duró una hora. d. Me alojé en un albergue juvenil en el centro.
e. Fuimos a Escocia y viajamos en coche. f. Nos alojamos en un hotel de lujo.
g. Fui de vacaciones a Italia el verano pasado con mi familia.

2. Complete the words

a. Verano b. Alemania c. Viajé d. Nos alojamos
e. Me quedé f. Una granja g. Un hostal h. Me gustó
i. Simpática j. Una zona k. Parque acuático

3. Fill in the blanks

a. Fui de vacaciones hace **un mes** con mi familia. b. **Fuimos** a China y viajamos en avión.
c. El viaje duró dos horas y fue **cómodo**. d. Nos alojamos en un hotel **barato**.
e. Lo pasé bomba porque había **mucho que hacer**. f. En el hotel había **una sala de juegos** para niños.
g. También había una **cancha de tenis**.

4. Spot the intruder

Fui de vacaciones hace un mes con mi familia. Fuimos a Francia. Viajamos en barco y el viaje duró dos horas. Fue divertido y rápido. Nos quedamos en un hotel de lujo y me gustó porque había mucho que hacer. En el hotel había una sala de juegos para niños, pero no había un parque acuático.

5. Faulty translation

e.g. En el hotel había un restaurante.
a. Fui de vacaciones el verano pasado con mi familia.
b. Fui a los Estados Unidos con mi hermano.
c. Viajamos en autocar y el viaje duró ocho horas.
d. Me quedé en un camping en el centro.
e. Me gustó porque la gente era simpática y había mucho que hacer.
f. En el albergue juvenil había un gimnasio.
g. Nos alojamos en un hotel de lujo en las afueras.
h. Viajamos en tren y fue rápido.

6. Complete the table in English

a. Hola, soy Thiago. Fui de vacaciones a China el verano pasado con mi familia. Viajamos en avión y el viaje duró doce horas. Fue cómodo, pero también fue largo. Nos alojamos en un hotel de lujo. Me gustó porque la gente era simpática.

b. Buenos días, me llamo Nerea. Fui de vacaciones a Italia hace un mes con mis padres. Viajamos en autocar y el viaje fue muy largo. Sin embargo, también fue divertido. Nos quedamos en casa de mis abuelos. Me gustó porque había mucho que hacer.

c. Soy Zara y tengo diez años. Fui de vacaciones hace una semana con mi familia. Fuimos a Escocia. Viajamos en coche y el viaje duró ocho horas. Fue divertido, pero no fue rápido. Nos alojamos en una granja. Me gustó porque en la granja había muchos animales y mucho que hacer. (Había una vaca)

7. Narrow listening

Hola, soy Alba y tengo quince años. Soy española y vivo en Alicante. Fui de vacaciones a Escocia el verano pasado con mi familia. Viajamos en barco y el viaje duró dos días. Fue largo, pero bastante cómodo. Nos alojamos en un hotel de lujo en el centro. Lo pasé bomba porque la gente era simpática y el hotel era genial. En el hotel había un restaurante, un gimnasio y una sala de juegos para niños.

8. Listen to Fede and answer the questions in English

Hola, me llamo Fede y tengo trece años. Vivo en Madrid, pero también tengo familia en Uruguay. Fui de vacaciones hace un mes con mi familia. Fuimos a Berlín, la capital de Alemania. Viajamos en avión y el viaje duró tres horas. En mi opinión, el viaje fue cómodo y divertido. Sin embargo, a mi padre no le gustó el viaje. Nos alojamos en un hotel barato en el centro de Berlín. Me gustó porque el hotel era genial y había mucho que hacer. En el hotel había una cancha de tenis y también había una zona de spa para los padres.

ANSWERS

Unit 1. Talking about a past holiday: LISTENING

1. Multiple choice

a. A month ago
b. I went to
c. By plane
d. A youth hostel
e. By car
f. We stayed in
g. With my family

2. Complete the words

a. V**erano**
b. Al**e**m**a**n**ia**
c. V**iajé**
d. N**o**s alo**j**amos
e. **M**e q**ue**d**é**
f. Un**a** **g**ran**j**a
g. Un **ho**s**ta**l
h. M**e** **gus**tó
i. Si**mpá**tic**a**
j. U**n**a **zon**a
k. Par**q**ue a**c**uático

3. Fill in the blanks

a. Fui de vacaciones hace **un mes** con mi familia.
b. **Fuimos** a China y viajamos en avión.
c. El viaje duró dos horas y fue **cómodo**.
d. Nos alojamos en un hotel **barato**.
e. Lo pasé bomba porque había **mucho que hacer**.
f. En el hotel había **una sala de juegos** para niños.
g. También había una **cancha de tenis**.

4. Spot the intruder

Fui de vacaciones hace ~~**una semana**~~ un mes con mi familia. ~~**Fui**~~ Fuimos a Francia. Viajamos en ~~**coche**~~ barco y el viaje duró dos horas ~~**días**~~. Fue divertido ~~**cómodo**~~ y rápido. ~~**Me**~~ Nos ~~**alojamos**~~ quedamos en un hotel ~~**barato**~~ de lujo y ~~**no**~~ me gustó porque había ~~**playas magníficas**~~ mucho que hacer. En el ~~**hostal**~~ hotel había una ~~**cancha**~~ sala de juegos para niños, pero no había un ~~**una**~~ parque acuático.

5. Faulty translation

a. I went on holiday last summer **with my family**.
b. I went to **the United States** with my brother.
c. **We travelled** by coach and the trip took eight hours.
d. **I stayed in** a campsite in the centre.
e. I liked it because the people were nice **and there was a lot to do.**
f. In the youth hostel there was **a gym**.
g. **We stayed in** a luxury hotel on the outskirts.
h. We travelled by train **and it was fast**.

6. Complete the table in English

a. China / By plane /Comfortable but long / In a luxury hotel / The people were nice
b. Italy / By coach / Very long but fun / At their grandparents' house / There was a lot to do
c. Scotland / By car / Fun but not fast / On a farm / There was a lot to do and many animals
(Bonus: there was a cow!)

7. Narrow listening

Hello, I am Alba and I am **fifteen** years old. I am **Spanish** and I **live** in Alicante. I went on holiday **to Scotland** last summer with my **family**. We travelled by **boat** and the journey lasted two **days**. It was **long** but quite **comfy**. We stayed in a **luxury hotel** in the centre. I had a great time because the **people were nice** and the **hotel** was **great**. In the hotel, there was a **restaurant**, a **gym** and a **playroom/games room** for kids.

8. Listen to Fede and answer the questions in English

a. 13 b. Madrid c. One month ago d. Berlin, the capital of Germany e. Three hours
f. It was comfortable and fun g. His dad h. In a cheap hotel i. The hotel was great and there was a lot to do
j. A tennis court and a spa area for parents

Unit 1. Talking about a past holiday: VOCAB BUILDING

1. Match

El barco – The ship/boat **El coche –** The car **El viaje –** The journey **El hotel barato –** The cheap hotel
El hotel de lujo – The luxury hotel **La granja –** The farm **La casa de mis abuelos –** My grandparents' house
El avión – The plane **La cancha de tenis –** The tennis court **La semana pasada –** Last week
La gente – The people

2. Complete with the missing letter

a. Fui a Franc**i**a b. Fui a Alema**n**ia c. Fui a Jap**ó**n d. Fui a Espa**ñ**a e. Fui a Ital**i**a
f. Fui a una is**l**a en el Caribe g. Fui a Esco**c**ia h. Fui a Irland**a**

3. Break the flow

a. El año pasado fui a Alemania.
b. Fui allí con mi familia.
c. Viajamos en coche.
d. El viaje fue largo y aburrido.
e. Me alojé en un hotel de lujo cerca de la playa.
f. El hotel era grande y moderno.
g. Lo pasé bomba porque el hotel era genial.
h. Además, había mucho que hacer.

4. Complete with a suitable word

Students' own answers.

5. Faulty translation

a. Two **weeks** ago, **we went** to Spain.
b. The **boat** journey was very **slow.**
c. Last **week.**
d. I had a **great** time.
e. There were fantastic **beaches.**
f. We stayed in a **youth hostel.**
g. There **was** a lot **to do.**
h. **There was a tennis court.**
i. My room was very **spacious.**

6. Sentence puzzle

a. El mes pasado fuimos a España.
b. Fui allí con mi mejor amigo.
c. Viajamos en tren y luego alquilamos un coche.
d. El viaje fue largo pero muy divertido.
e. Me alojé en un hotel barato cerca de la playa.
f. Lo pasé bomba porque las playas eran magníficas e hizo buen tiempo todos los días.

7. Complete with a verb from the table

a. El año pasado yo **fui/viajé** a Italia.
b. Mi hermano y yo **viajamos/fuimos** en avión a Escocia.
c. Yo **fui/viajé** en coche.
d. Hace dos años mi novia y yo **viajamos/fuimos** a Inglaterra.
e. El viaje **duró** cinco horas.
f. El viaje **fue** largo pero cómodo.
g. Me **alojé** en un albergue juvenil.
h. Nos **alojamos** en un hotel barato.
i. Me **gustó** porque había mucho que hacer
j. En el hotel **había** un restaurante muy bueno.

8. Verb anagrams

a. Pasé b. Duró, fue c. Fuimos d. Alojamos e. Había f. Era g. Alojé h. Gustó, había

9. Gapped translation

a. Month b. Rented c. Good d. Cheap e. Far From f. Liked g. Young People h. Boat i. Great Time j. Parents

10. Translate into English

a. We travelled by boat. b. We went to Greece. c. I didn't go anywhere. d. There were great beaches. e. My parents had a great time. f. We went sightseeing every day. g. We stayed in a youth hostel. h. There was a lot to do for young people. i. We had a lot of fun. j. We went on a trip almost every day. k. People were very nice. l. We saw a lot of great places.

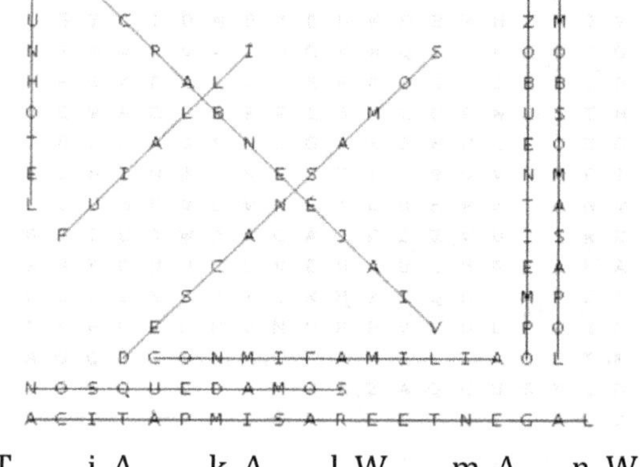

11. Wordsearch

a. Fui allí
b. Con mi familia
c. Viajé en barco
d. El viaje fue lento
e. Nos quedamos
f. En un hotel
g. Descansamos
h. Lo pasamos bomba
i. La gente era simpática
j. Hizo buen tiempo

12. Categorise the sentences below with a T for "means of transport", an A for "accommodation" or a W for weather

a. A b. T c. A d. W e. T f. T g. W h. A i. T j. A k. A l. W m. A n. W

13. Slalom writing

a. El viaje fue largo, aburrido y agotador.
b. Nuestro hotel estaba cerca del centro.
c. En el hotel había una sala de juegos para los niños.
d. Mis padres fueron de compras.
e. Mi hermana hizo turismo con su novio.
f. Mi hermano y yo fuimos a la playa.
g. Lo pasamos bomba. Quiero volver allí.

Unit 1. Talking about a past holiday: READING 1

1. Find in Orla's text the Spanish for

a. Alquilamos b. El viaje c. Bastante largo d. Nos alojamos e. Estaba muy cerca f. Había g. Una sala de juegos h. Una zona de spa i. La comida j. Así que k. Hizo buen tiempo l. Todos los días m. Pudimos n. Por las tardes o. Me quedé p. Pero q. Mi hermano mayor r. Fue de marcha

2. Answer the following questions about Aoife

a. Plane (and then car)
b. Short but quite boring
c. A cheap hotel (near Benidorm)
d. Very far / one km away
e. There were many nice young people
f. Very often
g. They went to local restaurants
h. Clothes and earrings
i. It had no water

3. Find someone who...

a. Aoife b. Ciara c. Ciara d. All three! e. Aoife f. Orla g. Aoife h. Ciara i. Orla j. Ciara k. Aoife

Unit 1. Talking about a past holiday: READING 2

1. Find the Spanish in the text

a. Primero viajamos en avión. b. Tomamos un segundo vuelo. c. Un hostal barato pero muy bueno.
d. El hostal era modesto. e. Se podía alquilar bicicletas. f. Visitamos un parque natural.
g. Disfrutamos de una cena deliciosa... h. ...mientras veíamos la puesta del sol.

2. Gapped translation

We spent a lot of time outdoors, **exploring** nature and admiring the incredible **landscapes**. However, the most **special** moment of the entire trip was when we went on a **trip** to see **penguins**. We went on a **boat** trip to Magdalena Island, an island where there are **hundreds** of Magellanic **penguins** walking around **freely**. It was a **wonderful** experience to **see** them up close and **learn** about their habitat. I took more than **three** hundred **photos**!

3. Spot and correct the MANY mistakes

a. Me llamo Mary y soy de Londres. b. El primer viaje duró 15 horas. c. Me gustó mucho.
d. Se podía alquilar bicicletas. e. Fuimos de compras en pequeñas tiendas.
f. Disfrutamos de una cena deliciosa. g. Hay cientos de pingüinos. h. Saqué más de trescientas fotos.

4. Answer the questions as if you were Mary

a. Punta Arenas, in Chile
b. The first part took 15 hours, from London to Santiago. It was long but quite comfortable. The second flight was shorter, only 3 and a half hours. We talking, played cards and slept on the flights.
c. We stayed at a cheap hostel in Punta Arenas. It was modest but cosy.
d. On the first day we took a guided tour of Punta Arenas on bicycle. It was very fun and I took lots of photos.
e. I enjoyed a delicious meal while I watched the sunset (with sea views).
f. The most special moment was a trip to see some penguins.
g. Yes, I took over 300 photos!
h. They were unforgettable holidays (and I hope I can return one day).

Unit 1. Talking about a past holiday: READING & WRITING

1. Complete with the options provided in the box below

El año pasado fui a **España**. Viajamos en **avión** y luego alquilamos un coche. El viaje fue bastante **largo** y aburrido. Nos alojamos en un hotel muy **barato** (pero bueno) en Málaga. El hotel estaba muy cerca del **centro** de la ciudad. Me gustó **muchísimo**. Había una piscina muy **grande**, una sala de juegos para los niños y una zona de spa para mis padres también. El restaurante servía comida muy **rica**, así que comimos mucho. Hizo **calor** todos los días, así que fuimos a la playa a menudo. Por las tardes no **salí**, pero mi hermano mayor fue de marcha todos los días.

2. Complete the sentences below with any suitable word

Students' own answers.

3. Translate into Spanish

a. El año pasado b. Viajé en coche c. Me quedé d. En un hotel barato e. Cerca de la playa f. Había
g. Una piscina grande h. Comida rica i. Hizo buen tiempo j. Casi todos los días k. Afortunadamente
l. Lo pasé bomba

4. Cast your mind back to a recent holiday of yours and answer the questions in 28a

Students' own answers.

Unit 1. Talking about a past holiday: WRITING

1. First letters

El verano pasado viajé a Alemania en coche. Fue muy largo pero divertido. Me alojé en un piso en el centro de la ciudad.

2. Faulty translation

a. We went on holiday to **a campsite** in France. b. I **had a great time** because people were **nice**.
c. At the hotel there was a **playroom.** d. **I** stayed at a **luxury** hotel with a **spa**.
e. I **liked** it because there were beautiful beaches. f. I went on holiday a **month** ago with my friends.
g. The trip by coach lasted **three** hours. h. **How was the trip**? i. I went to my **uncle and aunt's** farm.

3. Gapped translation

a. ¿**Adónde** fuiste? b. ¿**Cuándo** fuiste de vacaciones? c. ¿**Cómo** viajaste? d. ¿**Dónde** te alojaste?
e. ¿Con **quién** fuiste? f. ¿Dónde **estaba** el hotel? g. Fui **a** Italia. h. El hotel estaba **cerca** de la playa.
i. No me **gustó** el camping. j. No era **cómodo**. k. No **había** mucho que hacer.

4. Answer the questions in Spanish. Aim to write 100-120 words

Students' own answers.

TERM 1 – BRINGING IT ALL TOGETHER – 1

1. Answer the following questions in English

a. José Luis b. In the southwest of Germany c. It is quite big, on the outskirts, very pretty and spacious
d. To Spain e. At his grandparent's house f. A month ago g. 15 hours h. In a luxury hotel
i. Played tennis with his dad j. Went to Shanghai Disneyland Park (a theme park) / had dinner at a restaurant

2. Find the Spanish equivalent in Joselu's text

a. Es mi apodo b. En las afueras de la ciudad c. Siempre viajamos en avión
d. Siempre echo de menos a mis amigos e. Sin embargo, hace un mes f. El viaje fue muy largo
g. Escuché música h. En el hotel había i. No usé el gimnasio j. El hotel era genial
k. Lo pasé bomba y l. Me gustaría volver m. Mi madre dice

3. Complete the translation of paragraph 3

However, a **month** ago I went on **holiday** with my **family** to **China**. We **travelled** by **plane** and the trip lasted **15 hours** because **we** had to change **flights** in Vienna, the capital of Austria. The **trip** was very **long** but it was **quite** comfortable and **very fun**. During the **trip**, I **listened** to music and **watched** two **films**.

4. Is each statement True (T), False (F), or Not Mentioned (NM)?

a. T b. NM c. F d. T e. F f. T g. F h. F i. T j. F k. T l. T m. F

5. Complete the statements

a. Nerea, her b. Quite comfortable, fun c. Cheap, city centre d. Nice, lots e. Flat, town, coast

UNIT 2. Talking about a past holiday - opinions

TRANSCRIPTS

1. Dictation

a. Hice muchas cosas b. Pasé tiempo c. Alquilé una bici d. Jugué con mi primo e. Me acosté tarde
f. Hicimos buceo g. A la montaña h. Lo mejor fue cuando i. Fueron unas vacaciones j. No me gustaría

2. Listen and fill in the gaps

a. Durante las vacaciones hice muchas cosas.
b. El primer día compré recuerdos.
c. El segundo día probé platos típicos.
d. Muchos días me desperté tarde.
e. Por la tarde fuimos a la playa para nadar en el mar.
f. Lo mejor fue cuando vi un partido de fútbol.
g. Lo mejor fue cuando pasé tiempo con mis abuelos.
h. En mi opinión fueron unas vacaciones inolvidables.
i. Me gustaría volver el próximo año.

3. Spot the intruder

Durante las vacaciones hice muchas cosas. El primer día alquilé una bici y conocí a un chico simpático. Por la mañana fui al parque y por la tarde fui al centro comercial para ir de tiendas. El segundo día tomé el sol y nadé en el mar. Por la noche fui al centro de la ciudad. Lo mejor fue cuando cené en un restaurante con mi amigo.

4. Multiple choice

e.g. Lo mejor fue cuando cené en un restaurante con mi familia.
a. Durante las vacaciones no hice casi nada.
b. El primer día descansé en la playa.
c. El segundo día conocí a una chica simpática.
d. Muchos días me acosté tarde.
e. Por la mañana fuimos a la montaña para hacer senderismo.
f. Por la noche fuimos al centro de la ciudad para tomar un helado.
g. Lo mejor fue cuando pasé tiempo con mi mejor amigo.
h. En mi opinión fueron unas vacaciones buenísimas.

5. Faulty translation

e.g. Por la mañana fui al parque para tomar el sol.
a. Durante las vacaciones pasé tiempo con mi familia.
b. El primer día comí comida deliciosa.
c. El segundo día jugué con mi primo.
d. Muchos días me acosté tarde.
e. Por la mañana fuimos al parque para tomar un helado.
f. Por la noche hice senderismo.
g. En mi opinión fueron unas vacaciones buenísimas.

6. Listening slalom

a. Por la mañana fui al parque para tomar un helado con mi hermano.
b. Por la tarde fuimos al centro comercial para comprar cosas.
c. El primer día fui a la playa para nadar en el mar con mi primo.
d. Por la noche fui al centro de la ciudad y alquilé una bici.
e. El segundo día fuimos a la montaña para tomar el sol con mi hermana.

7. Narrow listening

Hola, soy Jorge y soy español. Fui de vacaciones el verano pasado con mi familia. Fuimos a Inglaterra y nos alojamos en un hotel de lujo en Londres. Durante las vacaciones hice muchas cosas. El primer día probé platos típicos y saqué fotos. También conocí a un chico simpático. El segundo día di un paseo y compré recuerdos. Por la noche hice turismo y fui al centro comercial para ir de tiendas. Lo mejor fue cuando vi un partido de fútbol con mi familia. En mi opinión fueron unas vacaciones inolvidables y me gustaría volver el próximo año.

8. Listen to the two conversations and answer the questions below in English

Conversation 1

Paula: ¿Qué hiciste durante las vacaciones, Lorena?
Lorena: Durante las vacaciones hice muchas cosas. Fui de vacaciones a Francia y me alojé en un albergue juvenil en París.
Paula: ¿Qué hiciste el primer día?
Lorena: El primer día di un paseo y saqué fotos.
Paula: Y, ¿qué hiciste el segundo día?
Lorena: El segundo día alquilé una bici y fui a un restaurante donde comí comida deliciosa. Por la noche fui al centro de la ciudad para ir de tiendas.
Paula: ¿Qué fue lo mejor de tus vacaciones?
Lorena: Lo mejor fue cuando vi un partido de fútbol con mi mejor amigo. Me gustaría volver el próximo año.

Conversation 2

Enrique: Hola, Samuel. Dime, ¿qué hiciste durante las vacaciones?
Samuel: Durante las vacaciones pasé tiempo con mi familia en Escocia.
Enrique: ¡Qué guay! Y, ¿Qué hiciste el primer día?
Samuel: El primer día probé platos típicos. Me gustó mucho.
Enrique: A mí también me gusta probar platos típicos. ¿Qué hiciste el segundo día?
Samuel: El segundo día fui a la montaña e hice senderismo con mi primo.
Enrique: Ah, qué bien, ¿y qué fue lo mejor de tus vacaciones a Escocia?
Samuel: Lo mejor de mis vacaciones fue cuando pasé tiempo con mi primo. En mi opinión fueron unas vacaciones buenísimas, pero no me gustaría volver el próximo año porque me gustaría explorar un sitio nuevo.

ANSWERS

Unit 2. Talking about a past holiday – opinions: LISTENING

1. Dictation

a. Hice muchas cosas b. Pasé tiempo c. Alquilé una bici d. Jugué con mi primo e. Me acosté tarde f. Hicimos buceo g. A la montaña h. Lo mejor fue cuando i. Fueron unas vacaciones j. No me gustaría

2. Listen and fill in the gaps

a. Durante **las** vacaciones **hice** muchas cosas.
b. El **primer** día **compré** recuerdos.
c. El segundo **día** probé platos **típicos**.
d. **Muchos** días me **desperté** tarde.
e. Por la **tarde** fuimos a la playa para **nadar** en el mar.
f. Lo mejor fue cuando vi un **partido** de **fútbol**.
g. Lo mejor fue cuando **pasé** tiempo con mis **abuelos**.
h. En mi opinión **fueron** unas vacaciones **inolvidables**.
i. Me **gustaría** volver el **próximo** año.

3. Spot the intruder

Durante las **los** vacaciones hice muchas **casi nada** cosas. El primer día **días** alquilé una bici y conocí a un **una** chico simpático. Por **el** la mañana fui **fuimos** al parque y por la **noche** tarde fui al centro comercial para **por** ir de tiendas. El segundo día tomé **nadé** el sol y nadé en el **martes** mar. Por la noche fui **hice** al centro de **del** la ciudad. Lo **peor** mejor fue **cuanto** cuando **comí** cené en un restaurante con mi **abuelo** amigo.

4. Multiple choice

a. Many b. Second c. I bought d. I got up e. Afternoon f. Restaurant g. One day h. Terrible

5. Faulty translation

a. During the holidays, I spent time **with my family**.
b. On the first day, I **ate delicious food**.
c. On the second day, I **played with my cousin**.
d. **On many days**, I went to bed late.
e. In the **morning**, we went to the park to have an ice cream.
f. At night, I did **hiking**.
g. In my opinion, there were **really really good** holidays.

6. Listening slalom

a. In the morning, I went to the park to have an ice cream with my brother.
b. In the afternoon, we went to the shopping mall to buy things.
c. On the first day, I went to the beach to swim in the sea with my cousin.
d. At night, I went to the city centre and I rented a bike.
e. On the second day, we went to the mountain to sunbathe with my sister.

7. Narrow listening

Hello, I am Jorge and I am **Spanish**. I went on holiday **last** summer with my **family**. We went to England and we **stayed** in a **luxury** hotel in London. **During** the holidays, I did **many** things. On the **first** day, I **tasted** typical dishes and I took **photos**. I also met a nice **boy**. On the **second** day, I went for a **walk** and I **bought souvenirs**. At **night**, I did **sightseeing** and I went to the **shopping mall** to go shopping. The **best** thing was when I saw a **football match** with my family. In my **opinion**, they were **unforgettable** holidays and I would like to **return** next year.

8. Listen to the two conversations and answer the questions below in English

Conversation 1

a. Paris b. Went for a walk / Took photos c. Went shopping in the city centre
d. When she saw a football match with her friend e. Yes

Conversation 1

a. Scotland b. Tasted typical dishes c. He went to the mountain and did hiking with his cousin
d. When he spent time with his cousin e. No

Unit 2. Talking about a past holiday – opinions: VOCAB BUILDING

1. Match

Alquilé una bici – I rented a bike
Fui de marcha – I went clubbing
Compré recuerdos – I bought souvenirs
Hice buceo – I went scuba diving
Di un paseo – I went for a walk
Fui de excursión – I went on a trip
Probé platos típicos – I tried typical dishes
Hice senderismo – I went hiking
Tomé el sol – I sunbathed
Descansé – I rested
Conocí a un chico – I met a boy
Me acosté tarde – I went to bed late

2. Missing letters

a. Alquilé una bici. b. Compré recuerdos. c. Tomé el sol. d. Hice buceo. e. Conocí a un chico simpático.
f. Di un paseo por el centro de la ciudad. g. Probé platos típicos. h. Nadé en el mar.
i. Hice senderismo en el campo. j. Saqué muchas fotos. k. Me acosté tarde. l. Fui de marcha.

3. Faulty translation

a. On the **first** day b. I went **hiking** c. I went for a **walk** d. I **rested** e. I met a **boy** f. I **tried** typical dishes
g. I did **hardly anything** h. The **worst** thing was i. I went **diving** j. I swam in the **sea** k. I rented a **bike**
l. I went to bed **late**

4. Spot and add the missing word

a. Por **la** tarde b. Conocí **a** un chico c. Tomé **el** sol d. Alquilé **una** bici e. Fui **de** excursión f. Di **un** paseo
g. Jugué con **mis** primos h. Nadé en **el** mar i. No hice **casi** nada j. Fui **de** marcha k. **Me** gustaría volver

5. Sentence puzzle

a. El primer día no hice casi nada. b. Por la mañana fui a la piscina. c. Tomé el sol escuchando música.
d. Descansé en la playa con mi amigo. e. Mi hermano pasó tiempo jugando en su móvil.
f. Almorzamos en el restaurante del hotel. g. Después de la siesta fui a la playa cerca del hotel.

6. Gapped translation

a. On the **first** day, I did hardly **anything.** b. On the **second** day I went **hiking.**
c. I **went** for a **walk** on the **beach.** d. I **relaxed** reading **comics.** e. I **met** a lot of nice **people.**
f. One **day** we tried typical **dishes.** g. On the fourth day we went **sightseeing.**
h. The **worst** thing was the **weather.** i. I **swam** and went **diving** every day. j. One day I **met** a Swedish **boy.**
k. He was very **handsome** and **funny.** l. We are still **in contact.**

7. Complete with the correct option

a. Una bici b. Un paseo c. Casi nada d. Leyendo e. En el mar f. Tiempo g. Primer día h. Platos típicos
i. Casco j. Un chico k. Recuerdos l. Fotos m. Último n. Guitarra o. Hice

8. Insert an appropriate verb

a. Alquilé b. Di c. Comí d. Compré e. Tomé f. Conocí g. Jugué h. Descansé i. Fui j. Pasé k. Vi

9. Complete the table

a. I went hiking. b. I woke up late. c. Saqué fotos. d. Probé platos típicos. e. (On) the third day
f. I spent time g. I sunbathed

Unit 2. Talking about a past holiday – opinions: READING 1

1. Answer in English

a. By train b. Near c. On the beach/seashore d. The weather was good every day
e. On the beach, sunbathing & doing water sports f. They rested in the hotel
g. The day before returning (to Ecuador) h. The Alhambra i. Germany j. Because they went to bed late

2. Tick the items that you can find in Marcelo's text

a. √ b. √ c. √ d. √ e. √ f. √ g. √ h. √ i. √ j. X

3. Find the Spanish in Ross' text

a. El invierno pasado b. Nos alojamos c. Me gustó mucho d. Había e. Mucha gente f. Descansamos
g. Fuimos de tiendas h. Muchos recuerdos i. Ropa bonita j. Dos días antes k. Platos típicos
l. Conocimos

4. Find the items below in Ross' text

a. Invierno b. Coche c. Magníficas d. Descansamos e. Charlando f. Interesantes g. Recuerdos
h. Pasamos

Unit 2. Talking about a past holiday – opinions: READING 2

1. Find the Spanish in the texts

a. Mi habitación era pequeña pero agradable. b. Lo mejor fue c. Lo pasamos bomba juntos.
d. En coche. e. Un pequeño pueblo de pescadores. f. Alquiló una casa. g. En la orilla del mar.
h. (Él) probó platos típicos. i. Salió de marcha por Lloret de Mar. j. El invierno pasado
k. Una pista de esquí fantástica. l. No habia mucha gente m. ¡Pero todo era muy caro!

2. Find someone who...

a. Liam's brother b. Liam's brother c. Liam's brother d. Florencia e. Gala f. Gala
g. Florencia h. Gala i. Liam's brother j. Gala k. Florencia l. Liam's brother

3. Correct the mistakes

a. **Fue** muy divertido b. Las vistas **eran magníficas** c. Todo era muy **caro**
d. También **pasé** tiempo en **una** playa cercana e. No **había** televisión ni internet
f. Había **mucha** nieve g. Visité el centro **de la** ciudad h. Comida típica **francesa**
i. Mis padres **fueron** a Francia

4. Faulty translation

Last week I returned from **Italy**. I spent a week in Rome with my **family**. I stayed in a cheap **hotel** near the train station. My room was **small** but nice. In Rome there are **many** things to do. I visited the city centre, many **museums** and lots of Roman **ruins**! I also saw many ancient **monuments**, churches and palaces. The **best** thing was when I met a nice guy from **Argentina**. We had a **blast/great time** together. I also spent **time** at a nearby beach that was about **an hour** from Rome by **car**.

Unit 2. Talking about a past holiday – opinions: READING & WRITING

1. Find someone who...

a. Roberto b. Carlos c. Felipe d. Pablo e. Marta f. Verónica g. Eugenia h. Gabriel

2. Find the Spanish equivalent

a. Lo mejor fue cuando b. Una motocicleta c. Ropa bonita d. Fuimos de tiendas e. Cerca de mi hotel
f. Probamos g. Un espectáculo de flamenco h. Compré i. Fuimos de excursión j. Fue muy divertido
k. En la playa l. Tan rica m. Conocimos (a) n. Una ciudad histórica o. Incluso un castillo p. Alquilamos

3. Complete with the correct verb

a. El primer día f**uimos** de excursión.
b. Nosotros h**icimos** senderismo cada día.
c. J**ugué** al fútbol con mis amigos.
d. P**asamos** tiempo con nuestros abuelos.
e. D**escansé** en la playa todos los días.
f. V**isité** lugares históricos.
g. El último día f**ue** el mejor.
h. D**imos** una vuelta por el centro.
i. Al**quilamos** un barco pequeño.
j. S**aqué** muchas fotos de monumentos antiguos.

Unit 2. Talking about a past holiday – opinions: WRITING

1. Rock-climbing translation

a. Un día alquilamos una bici y dimos una vuelta por el pueblo.
b. Por la tarde descansé escuchando música y leyendo.
c. Fueron unas vacaciones inolvidables y me encantaría volver.
d. Lo mejor fue cuando fuimos de marcha.
e. El día antes de volver conocimos a dos chicas madrileñas.

2. Tangled translation

a. Un **día** hicimos **una** excursión a la **montaña.**
b. Nos **quedamos en** un hotel cerca de la **playa.**
c. **Había** muchas cosas que **hacer** para los **jóvenes.**
d. Comimos **comida** muy **rica.**
e. Afortunadamente hizo **buen tiempo** todos los **días.**
f. Fuimos **a la playa** a menudo.
g. Tomamos **el sol** y **jugamos** al voleibol.
h. **Conocimos** gente simpática. Había muchos **chicos** guapos.
i. Por la tarde **fui de compras**. Compré **muchas cosas.**

3. Translate into Spanish

a. El primer día visité el casco antiguo.
b. El segundo día alquilé una bici.
c. Por la mañana me levanté tarde.
d. Tomé el sol en la playa hasta mediodía.
e. Ayer di un paseo.
f. Nadamos en el mar.
g. Nos alojamos en un hotel barato.
h. Probamos platos típicos.
i. Hizo buen tiempo todos los días.

4. Complete the following sentences creatively

Students' own answers

TERM 1 - BRINGING IT ALL TOGETHER - 2

1. Answer the following questions in English

a. His parents and his sister
b. She is very kind
c. To France
d. To Lisbon, the capital of Portugal
e. His friend and his friend's family
f. Nearly eight hours
g. In a luxury hotel h. Rented a bike
i. Did hiking on the outskirts of the city
j. When he watched a football match

2. Find the Spanish equivalent in Nicolás' text

a. Es muy acogedor
b. La familia de mi amigo
c. Escuchamos música
d. En el hotel había
e. Una sala de juegos para niños
f. Hice muchas cosas
g. Alquilamos unas bicis
h. Fuimos a la playa
i. Conocí a una chica muy simpática
j. Para ir de tiendas
k. Me desperté tarde
l. Lo mejor fue cuando
m. Compré recuerdos

3. Complete the translation of paragraph 3

On many **days**, I woke up **late**. However, on the **second** day I woke up **early** because I had **many** plans. In the **morning**, we did **hiking** on the outskirts of the city. In the **afternoon**, I played **cards** with my **friend** in a **park** and we **had** a Coca-Cola. I also **ate** a **sandwich**. At night, we did **sightseeing** in the city centre. My friend and I went to bed **very** late.

4. True (T), False (F) or Not Mentioned (NM)?

a. F b. T c. T d. F e. T f. T g. T h. T i. NM j. F k. T l. F m. T

5. Complete the statements

a. City centre, first b. Parents, old town c. Late, late, before d. Ismael e. Ismael, cold

UNIT 3. Describing a typical day in the present, preterite & near future

TRANSCRIPTS

1. Fill in the blanks

a. Arreglo mi habitación después del colegio.
b. Juego a la Play en mi dormitorio.
c. Entre semana, salgo con mi novio.
d. Siempre voy al centro comercial.
e. Entre semana nunca como en un restaurante.
f. Suelo ayudar a mi padre en la cocina.
g. Me gusta ir al parque con mis amigos.
h. Tengo que hacer mis deberes hoy.

2. Break the flow

a. Salgo con mi novio después del colegio.
b. Siempre ayudo a mis padres.
c. Entre semana monto en bici.
d. Hago mis deberes en mi dormitorio.
e. Como con mis padres en un restaurante.
f. Me gusta salir con mis amigos.
g. Suelo ir al parque con mi amiga.
h. Tengo que ayudar a mi hermano.

3. Missing letters

a. Ayer hice footing en el parque.
b. Ayudé a mi hermano con sus deberes.
c. Fui al estadio para ver un partido.
d. Toqué la guitarra con mi grupo.
e. El viernes pasado arreglé el salón.
f. Comí en un restaurante chino.
g. Di un paseo con mi mascota Roberto.
h. La semana pasada fui al centro comercial.

4. Spot the differences

a. A veces como en un restaurante.
b. Juego a la Play con mi hermano.
c. El fin de semana voy al centro comercial.
d. Entre semana siempre como en casa.
e. Me gusta ir al parque con mi amigo.
f. Me gusta ayudar a mi madre en el jardín.
g. Los sábados suelo salir con mi novia.
h. Tengo que ir al parque con mi perrita Lily.

5. Multiple choice quiz

a. Hola, soy Jaume. Ayer arreglé mi dormitorio.
b. Buenos días, soy Miquel. El fin de semana pasado fui al parque.
c. Hola, me llamo Inés. Anoche fui al cine con mi novio Roberto.
d. Hola, soy Ryan. En mi tiempo libre toco el ukelele.
e. Buenas tardes, me llamo Paloma. Ayer comí en un restaurante italiano.
f. Hola, me llamo Gianfranco. Este fin de semana voy a ayudar a mi hermano con sus deberes.
g. Hola, soy Ronan. Los viernes siempre monto en bicicleta en la montaña.
h. Hola, soy Dylan. Luego voy a ir al parque con mi mascota Lily.

6. Narrow listening

a. Hola, me llamo Tomás. El fin de semana por lo general voy al centro comercial con mis amigos. Sin embargo, el fin de semana pasado fui a la playa con mi familia.

b. Hola, soy Merche. Entre semana tengo que hacer muchas cosas. Tengo que ayudar a mi padre en la cocina y hacer mis deberes en mi dormitorio. ¡No me gusta nada!

c. Hola, soy José Luis. El fin de semana pasado hice footing y luego fui a la piscina para hacer natación. ¡Me gusta mucho la natación!

7. Fill in the blanks

a. Voy a arreglar mi dormitorio.
b. Quiero quedar con mis amigos.
c. Tengo que hacer mis deberes.
d. Voy a tocar el ukelele con mi amigo.
e. Quiero ir al cine con mi novio.
f. Tengo que ayudar en casa.

8. What & when?

e.g. Ayudo en casa todos los días.

a. Ayer fui al cine con mi amiga.

b. Mañana voy a tocar la guitarra.

c. El fin de semana pasado salí con mi novio.

d. El fin de semana próximo voy a quedar con mis amigas.

e. Entre semana juego a la Play con mi hermano.

9. Listening slalom

a. Me llamo Vero. Por lo general entre semana hago muchas cosas. Siempre ayudo a mis padres.

b. Soy Leo. Todos los días hago los deberes en casa después del colegio y también toco la guitarra.

c. Me llamo Santiago. Ayer comí en un restaurante con mis padres y toqué el ukelele.

d. Me llamo Gabriela. El fin de semana pasado fui al cine con mi novio. También di un paseo con mi mascota en el parque.

e. Soy Carlos. El fin de semana que viene voy a ir al centro comercial con mi mejor amigo y voy a tocar el piano.

10. Faulty translation

Hola, me llamo David. Por lo general, **entre semana,** hago muchas cosas. Juego **a la Play** con mi hermana y voy **al centro comercial.** Sin embargo, el fin de semana **pasado** fue diferente. Di un paseo en el parque con mi **perro** y luego comí en un restaurante chino con **mis padres.** También toqué **la guitarra** en mi dormitorio. El fin de semana que viene quiero **quedar** con mis amigos. Me gustaría ir **al cine** y ver una película nueva. Sin embargo, también tengo que **hacer los deberes** y ayudar en **casa**.

ANSWERS

Unit 3. Describing a typical day: LISTENING

1. Fill in the blanks

a. **Arreglo** mi habitación después del colegio.

b. Juego a la Play en **mi dormitorio**.

c. Entre semana, salgo **con** mi **novio**.

d. **Siempre** voy al centro comercial.

e. Entre semana nunca **como** en un **restaurante**.

f. Suelo **ayudar** a mi **padre** en la cocina.

g. Me gusta ir al **parque** con mis **amigos**.

h. Tengo que **hacer** mis **deberes** hoy.

2. Break the flow

a. Salgo con mi novio después del colegio.

b. Siempre ayudo a mis padres.

c. Entre semana monto en bici.

d. Hago mis deberes en mi dormitorio.

e. Como con mis padres en un restaurante.

f. Me gusta salir con mis amigos.

g. Suelo ir al parque con mi amiga.

h. Tengo que ayudar a mi hermano.

3. Missing letters

a. Ayer h**ice** f**ooting** en el pa**rque**.

b. Ayudé a mi h**ermano** con sus d**eberes**.

c. Fui al e**stadio** para ver un pa**rtido**.

d. Toqué la g**uitarra** con mi g**rupo**.

e. El v**iernes** pasado arreglé el sa**lón**.

f. C**omí** en un restaurante c**hino**.

g. D**i** un p**aseo** con mi mascota Roberto.

h. La semana pasada f**ui** al centro comerc**ial**.

4. Spot the differences

a. A veces como en **un restaurante.**

b. Juego a la Play con mi **hermano.**

c. El fin de semana voy al **centro comercial**.

d. **Entre semana** siempre como en casa.

e. **Me gusta** ir al parque con mi amigo.

f. Me gusta **ayudar a** mi madre en el jardín.

g. Los sábados suelo **salir** con mi novia.

h. **Tengo que** ir al parque con mi perrita, Lily.

5. Multiple choice quiz

a. Tidied b. Park c. Boyfriend d. Ukulele e. Italian f. Brother g. Friday h. Pet

6. Narrow listening

a. Hola, me **llamo** Tomás. El fin de semana por lo **general** voy al centro comercial con mis amigos. Sin **embargo,** el fin de semana pasado fui a la **playa** con mi familia.

b. Hola, soy Merche. Entre **semana** tengo que **hacer** muchas cosas. Tengo que ayudar a mi padre en la **cocina** y hacer mis deberes en mi d**ormitorio**. ¡No me gusta **nada!**

c. Hola, **soy** José Luis. El fin de semana **pasado** hice **footing** y luego fui a la **piscina** para hacer natación. ¡Me gusta mucho la **natación!**

7. Fill in the blanks

a. Voy a **arreglar** mi **dormitorio**. b. Quiero **quedar** con mis amigos. c. Tengo que **hacer** mis **deberes**.
d. Voy a tocar **el ukelele** con mi amigo. e. Quiero ir **al cine** con mi **novio**. f. Tengo que **ayudar** en **casa**.

8. What & when? Listen and complete

a. Going to the cinema / Past b. Playing the guitar / Future c. Going out with boyfriend / Past
d. Meeting up with friends / Future e. Playing on the PlayStation / Present

9. Listening slalom: follow the speaker from top to bottom and number the boxes accordingly

a. My name is Vero. Usually, during the week I do many things. I always help my parents.
b. I am Leo. Every day, I do my homework at home after school and I also play the guitar.
c. My name is Santiago. Yesterday, I ate in a restaurant with my parents and I played the ukelele.
d. My name is Gabriela. Last weekend, I went to the cinema with my boyfriend. I also went for a walk with my pet in the park.
e. I am Carlos. Next weekend, I am going to go to the shopping mall with my best friend and I am going to play the piano.

10. Faulty translation

Hi, my name is David. Usually, ~~at the weekend~~ **during the week** I do many things. I play ~~basketball~~ **on the PlayStation** with my sister and I go to ~~the stadium~~ **the shopping centre**. However, ~~next~~ **last** weekend was different. I went for a walk in the park with my ~~cat~~ **dog** and later I ate in a Chinese restaurant with ~~my girlfriend~~ **my parents**. I also played ~~piano~~ **the guitar** in my bedroom. Next weekend I want to ~~play~~ **meet up** with my friends. I would like to go to the ~~shops~~ **cinema** and watch a new film. However, I also have to ~~go jogging~~ **do my homework** and help at ~~school~~ **home**.

Unit 3. Describing a typical day: VOCAB BUILDING

1. Match

Ayer – Yesterday **El sábado próximo –** Next Saturday **Mañana –** Tomorrow
El sábado pasado – Last Saturday **Dentro de dos días –** Within two days
La semana pasada – Last week **El fin de semana –** At the weekend **Anteayer –** The day before yesterday
Hace unos días – A few days ago **El fin de semana pasado –** Last weekend

2. Complete the table

Hago – **I do** Voy – **I go** **Tengo que –** I have to **Quiero –** I want Salgo – **I go out** Me levanto – **I get up**
Veo – **I see** **Leo –** I read **Escribo –** I write

3. Match

Voy a levantarme temprano – I am going to get up early **Voy a leer un libro –** I am going to read a book
Voy a estudiar – I am going to study **Voy a salir –** I am going to go out
Voy a divertirme – I am going to have fun **Voy a ir de compras –** I am going to go shopping
Voy a ayudar a mi padre – I am going to help my dad **Voy a hacer deporte –** I am going to do sport
Voy a montar en bici – I am going to ride a bike

4. Past / Present / Future

a. Future b. Present c. Past d. Past e. Future f. Present g. Past

5. Choose the correct translations

a. Fui b. Hice c. Ayudé d. Comí e. Jugué f. Salí g. Bebí h. Leí i. Vi j. Monté k.Nadé

6. Break the flow

a. Ayer fui al cine con mi novia.
b. Mañana voy a ir de compras con mi padre.
c. La semana pasada fui de pesca con mi madre.
d. Mi novia y yo vimos una película emocionante.
e. Ayer no hice nada. Me relajé escuchando música.
f. Por la tarde suelo ayudar a mi hermano con las tareas.
g. Anteayer estudié mucho para la prueba de español.
h. Esta tarde voy a montar en bici con mis amigos.
i. El fin de semana hago mucho deporte.
j. El fin de semana pasado hice pesas con mi primo.

7. Complete the table with the options provided below

Ayer	Hoy	Mañana
Monté en bici	**Monto en bici**	Voy a montar en bici
Me levanté	Me levanto	**Voy a levantarme**
Salí con mi novia	**Salgo con mi novia**	Voy a salir con mi novia
Tomé un café	Tomo un café	**Voy a tomar un café**
Hice boxeo	**Hago boxeo**	Voy a hacer boxeo
Fui al cine	Voy al cine	**Voy a ir al cine**
Toqué la guitarra	**Toco la guitarra**	Voy a tocar la guitarra
Comí mucho	Como mucho	**Voy a comer mucho**

8. Translate into English

a. I went shopping
b. I am going to play chess
c. I read some comics
d. I ate seafood
e. I make my bed
f. I saw a film
g. I am going to get up
h. I played chess
i. I help my parents
j. I relaxed
k. I have to study
l. I usually go to bed late
m. I want to go out with my girlfriend
n. Today I cannot play
o. I have a lot of fun

9. Sentence puzzle

a. Ayer no hice nada especial
b. Anteayer vi una película
c. El fin de semana suelo hacer las tareas
d. El sábado pasado salí con mi novia
e. Todos los días tengo que levantarme temprano
f. Hace dos días jugué al ajedrez con mi padre
g. Esta tarde voy a ir a la playa
h. Ayer me relajé escuchando música
i. Mañana voy a montar en bici en el parque

10. Complete with the correct option

a. Ayudo b. Lavé, jugué c. Levantarme, voy a hacer d. Fui, vimos e. Suelo f. Tengo, odio g. Miré, fue h. Puedo, debo i. Hice, me relajé, leyendo j. Hago

11. Guided translation

a. J**ugué** b. V**oy** a i**r** c. V**eo** d. H**ice** e. T**engo** q**ue** f. N**o** q**uiero** g. S**uelo** c**omer** h. No p**uedo** i. F**ui** j. V**oy** a h**acer** k. A**yudé** l. A**rreglé**

12. Complete with the correct verb in the appropriate tense

a. Fui b. Leí c. Voy a ir d. Tengo que estudiar e. Suelo f. Voy a g. Salí h. Fui i. Quiero j. Suelo k. Montar l. Compré

Unit 3. Describing a typical day: READING 1

1. Find the Spanish equivalent

a. Suelo hacer muchas cosas b. Mi mejor amigo c. Corrimos hasta las ocho y media
d. Me encanta correr e. Nos divertimos mucho f. (Yo) no gano nunca
g. Solo durante media hora h. Paso la tarde jugando i. Nada especial
j. Voy a ir de excursión k. Voy a comprar l. Hicimos turismo
m. Dimos una vuelta por el centro n. Había mucho que ver y hacer

2. Correct the statements

a. At the weekend Txosi, **does many things.**
b. On Saturdays, he gets up **very early.**
c. He always **loses** at racket sports.
d. In the afternoon, he goes **rock climbing** with his father and **younger** brother.
e. On Sundays, he does **less** running than on Saturdays.
f. On Sunday **afternoons,** he spends time **playing** on his computer.
g. They usually have dinner at his grandparents, who are very **funny** and **friendly.**
h. Next weekend he is going to **go sightseeing** in Barcelona / visit **the Sagrada Familia.**
i. He is going to buy **(a lot of) clothes.**
j. He went **sightseeing** in the centre of the city.
k. Txosi and Aitor met two girls from Madrid **and are still in contact.**

3. Correct the mistakes in the translation of the last two paragraphs of Txosi's text

Next **weekend** will be different because I am going to go on a trip to Barcelona with my **school**. We are going to visit the Sagrada Familia and other monuments and historic **places** of the city. There are **curious shops** in Barcelona, therefore I am going **to buy a lot of clothes**.

Last **year,** we went to Madrid and **I had a great time**. We **went sightseeing** in the morning and in the afternoon, we went for a walk around the **city centre**. There was a lot to **see** and **do**. My friend Aitor and I met two very **beautiful and funny** girls from **Madrid**. We are **still** in touch with them.

Unit 3. Describing a typical day: READING 2

1. Find the Spanish equivalent in the text

a. Lo que me gusta de b. Hago muchas cosas c. Por el bosque cerca de mi casa d. Nos caímos algunas veces
e. Nadie se hizo daño f. No había mucha gente g. Fue muy agotador h. Sé que la comida basura es mala
i. Mirar escaparates en el centro comercial j. Conocimos a un par de chicas muy simpáticas
k. Pasamos todo el día l. (Yo) pasé mucho tiempo m. Charlando con ella

2. Gapped translation (refer to Brayan's text)

a. Free time b. Sport c. Rode, bike, forest d. Fell, got hurt e. Lifted weights f. (Rock) Climbing
g. Exhausting/tiring h. Window shopping i. Walking j. Chatting k. Go out, cinema

3. Answer the questions below in Spanish

a. Montaron en bici b. Fue muy agotador / La sesión fue muy agotadora
c. Hay dos centros comerciales (grandes) d. Alfredo es muy fuerte (está como un toro)
e. Dieron un paseo con las chicas / pasaron el día paseando f. Brayan va a ir al cine con Aitana

Unit 3. Describing a typical day: READING & WRITING

1. Find someone who

a. Raúl b. Roberta c. Fernando d. Carmen e. Paco f. Raúl g. Beatriz h. Paco's girlfriend i. Roberta j. Silvia k. Carmen l. Marina m. Ale n. Roberta o. Susana

2. Complete with a suitable word

a. Any room in the house b. Juego c. Any plural persons d. Any singular person e. Monto f. Any feminine instrument g. Comí h. Pasado i. Paseo

3. Write an extension of the sentence said by each person to the left

Students' own answers.

Unit 3. Describing a typical day: WRITING

1. Complete Marta's text with the verbs from the table (there is one word too many)

Hola, me **llamo** Marta. El sábado pasado **hice** muchas cosas. Primero, **monté** en bici en el bosque. **Fue** muy divertido. Luego, mis amigos y yo **fuimos** al gimnasio cerca de mi casa. Hicimos pesas. Después de hacer pesas **hicimos** escalada en el parque. Luego fuimos al centro de la ciudad para **mirar** escaparates en el centro comercial. Yo **conocí** a un chico muy simpático. Se **llama** Carlos. Pasamos toda la tarde **hablando**. El fin de semana que viene **vamos** a **salir** juntos. Vamos a **ver** una película en el cine y luego vamos a **cenar** en un restaurante. Creo que **será** muy divertido. También me **gustaría** tocar el ukelele en mi habitación. Finalmente **tengo** que **estudiar** porque el lunes tengo un **examen** de matemáticas.

2. Complete with any suitable word

Students' own answers.

3. Answer the questions below in Spanish and in full sentences

Students' own answers.

TERM 1 - BRINGING IT ALL TOGETHER - 3

1. Answer the following questions in English

a. In the north of Spain b. Her grandmother c. Tidies her bedroom
d. Help her brother with his homework e. Every day (during the week) f. Go out with her friends
g. Went to the stadium to watch a football match h. A Chinese restaurant i. To Germany
j. Ride her bike

2. Find the Spanish equivalent in Alma's text

a. Siempre me ayuda b. Me visto c. Antes de acostarme d. Hay mucho espacio e. Monto en bici
f. Solemos pasar unas horas g. No solo monté en bici con h. Luego cenamos
i. Antes de volver a casa j. Me desperté muy tarde k. Hace tres meses l. Me gustaría volver
m. Tengo que descansar

3. Complete the translation of paragraph 2

Usually, I **tidy** my **bedroom** as soon as I get up. **After**, I get **dressed** and I play on the PlayStation for a **while**. I like to play on the PlayStation in the morning **before** school. **After** school, I do my **homework** in the **living** room and I go to the **shopping** mall with my friends. I **like** to go out with my friends **because** we have a lot of **fun**. At **night**, before going to **bed**, I have to **help** my **brother** with **his** homework.

4. True (T), False (F) or Not Mentioned (NM)?

a. T b. T c. T d. T e. F f. NM g. T h. F i. F j. T k. F l. T m. T

5. Complete the statements

a. Jesús, girlfriend b. Eric, ukelele c. Jesús, free time d. Eric, Jesús e. 12:00

TERM 1 – MIDPOINT RETRIEVAL – PRACTICE

1. Answer the following questions in Spanish

Students' own answers.

2. Write a paragraph in the first person singular (I) providing the following details

Students' own answers (answers below provided for reference).

a. Hola, me llamo Enrique.
b. Soy español y vivo en Madrid.
c. Tengo quince años y vivo con mis padres.
d. El verano pasado fui de vacaciones a Alemania.
e. Viajamos en avión y nos alojamos en un hotel de lujo.
f. Durante las vacaciones fui de compras en el centro de la ciudad.
g. El segundo día conocí a un chico simpático y vi un partido de fútbol con él.
h. Por lo general, en mi tiempo libre me gusta ir al parque con mis amigos.
i. El fin de semana pasado comí en un restaurant chino.

3. Write a paragraph in the third person singular (he/she) about a friend or a family member

Students' own answers (answers below provided for reference).

a. Mi padre se llama Marcos. Tiene cincuenta y dos años y es de Tenerife.
b. El verano pasado (él) fue de vacaciones a Inglaterra y viajó en avión.
c. Se alojó en un hotel barato, pero le encantó porque había mucho que hacer.
d. Durante las vacaciones hizo muchas cosas. El primer día alquiló una bici y probó platos típicos. El segundo día sacó fotos en el parque.
e. En su tiempo libre suele jugar al tenis con su amigo.
f. Ayer después del colegio me ayudó con los deberes de inglés.
g. Este fin de semana va a ir al cine con mi madre.

UNIT 4. Describing a typical day at school

TRANSCRIPTS

1. Fill in the blanks

a. El recreo es a las diez de la mañana.
b. La hora de comer es a mediodía.
c. Las clases empiezan a las ocho.
d. A primera hora tengo clase de inglés.
e. Me gusta el español porque es útil y divertido.
f. Después del colegio hago deportes.
g. Voy al club de ajedrez.
h. No se puede fumar.

2. Break the flow

a. Llego al colegio a las siete.
b. Tengo la primera clase a las siete y media.
c. No me gusta el inglés porque es aburrido.
d. Salgo del colegio a las cuatro de la tarde.
e. Después del colegio voy al club de ajedrez.
f. No se debe comer en las aulas.
g. Se debe levantar la mano antes de hablar.
h. No se puede llevar auriculares en clase.

3. Spot the differences

a. En mi colegio hay algunas reglas.
b. No se debe comer en las aulas.
c. Las clases empiezan a las siete de la mañana.
d. A primera hora tengo clase de alemán.
e. No se puede fumar en el colegio.
f. No se puede llevar faldas cortas.
g. No puedo llevar ni pendientes ni zapatillas.

4. Spot and correct the errors

a. El recreo es a las diez y media.
b. Las clases empiezan a las ocho.
c. A primera hora tengo clase de matemáticas.
d. Después del colegio voy al club de ajedrez.
e. No se puede comer chicle.
f. Se debe hacer cola en la cantina.
g. No puedo llevar maquillaje.

5. Complete the translations

a. Todos los días llego al colegio a las siete de la mañana.
b. A segunda hora tengo clase de español. ¡Es muy divertido!
c. Después del colegio hago mis deberes en la biblioteca. Es un poco aburrido.
d. En mi colegio no se puede ni comer chicle ni fumar.
e. No puedo llevar ni maquillaje ni pendientes.
f. Tienes que levantar la mano antes de hablar.
g. En mi colegio se debe llevar uniforme. No me gusta.
h. Se puede usar el móvil durante el recreo.

6. Faulty translation

e.g. La hora de comer es a mediodía. Como en el comedor con mis amigos.
a. Las clases empiezan a las siete de la mañana. A primera hora tengo francés.
b. Entre semana, antes del colegio hago mis deberes en la biblioteca.
c. Después del colegio vuelvo a casa y juego con mi hermana.
d. En mi colegio se puede ir al baño durante las clases, pero no se puede llevar maquillaje.
e. Todos los días se debe hacer cola en la cantina.
f. Tengo que levantar la mano antes de hablar, pero no debo usar mi móvil.

7. Listening slalom

a. En mi colegio hay muchas reglas. No se debe fumar ni utilizar el móvil.
b. Las clases empiezan a las siete y a primera hora tengo clase de español. Me encanta porque es fácil y divertido.
c. Hay algunas reglas en mi colegio. No puedo llevar maquillaje ni comer en las aulas.
d. Salgo del colegio a las cuatro y vuelvo a casa en autobús. Después del colegio hago mis deberes en mi dormitorio.
e. Se debe hacer cola en la cantina, pero no se puede ir al baño durante las clases.

8. Listen to Diego and answer the questions in English

Hola, soy Diego y vivo en Málaga. Tengo catorce años y voy a un instituto en el centro de la ciudad. En mi colegio las clases empiezan a las ocho y media de la mañana. A primera hora tengo inglés. Me gusta el inglés porque es divertido. A última hora tengo matemáticas, pero no me gustan las matemáticas porque son difíciles. Después del colegio voy al club de ajedrez y me encanta porque es muy interesante y voy con mis amigos. En mi colegio hay algunas reglas. Por ejemplo, no se debe comer chicle ni tampoco se puede utilizar el móvil. ¡Odio estas reglas! Sin embargo, estoy de acuerdo en que no se debe fumar.

ANSWERS

Unit 4. Describing a typical day at school: LISTENING

1. Fill in the blanks

a. Recreo b. Comer c. Ocho d. Hora e. Español f. Hago g. Club h. Fumar

2. Break the flow

a. Llego al colegio a las siete.
b. Tengo la primera clase a las siete y media.
c. No me gusta el inglés porque es aburrido.
d. Salgo del colegio a las cuatro de la tarde.
e. Después del colegio voy al club de ajedrez.
f. No se debe comer en las aulas.
g. Se debe levantar la mano antes de hablar.
h. No se puede llevar auriculares en clase.

3. Spot the differences

a. En mi colegio hay algunas **reglas**.
b. No se debe **comer** en las aulas.
c. Las clases empiezan a las **siete** de la mañana.
d. A primera hora tengo clase de **alemán**.
e. No se puede fumar en **el colegio**.
f. No se puede llevar faldas **cortas**.
g. No puedo llevar ni **pendientes** ni zapatillas.

4. Spot and correct the errors

a. El recreo es a las **diez y media**.
b. Las clases empiezan **a las** ocho.
c. A primera hora **tengo** clase de matemáticas.
d. Después **del** colegio voy al club de ajedrez.
e. No se puede **comer** chicle.
f. **Se** debe hacer cola en la cantina.
g. No puedo **llevar** maquillaje.

5. Complete the translations

a. Every day, I **get to school** at seven in the morning.
b. My **second** lesson is Spanish. It is very **fun**!
c. After school, I do **my homework in the library**. It is a bit **boring**.
d. In my school, one cannot **eat chewing gum** or **smoke**.
e. I cannot wear **make-up** or **earrings**.
f. You have to **raise** your **hand** before **speaking**.
g. In **my school,** one must **wear uniform**. I **don't like it.**
h. One can **use the mobile phone** at **break** time.

6. Faulty translation

a. Classes start at **seven** in the morning. My first class is **French**.
b. During the week, **before** school I do my homework in the **library**.
c. After school, I go back **home** and I play with my **sister**.
d. In my school, one **can** go to the toilet during lessons but you cannot wear **make-up.**
e. **Every day**, one must queue up in the **canteen**.
f. I have to **raise my hand** before speaking but I must not use my **mobile phone.**

7. Listening slalom

a. At my school, there are many rules. One must not smoke nor use the mobile phone.
b. Classes start at seven and first period I have Spanish. I love it because it's easy and fun.
c. There are some rules at my school. I cannot wear make-up or eat in the classrooms.
d. I leave school at four and I go back home by bus. After school, I do my homework in my bedroom.
e. One must queue up in the canteen but one cannot go to the toilet during lessons.

8. Listen to Diego and answer the questions in English

a. 14 b. In the city centre c. At 8:30 d. English e. He likes it because it is fun f. Maths
g. Chess h. He loves it because it is very interesting and he goes with his friends
i. Not eating chewing gum, not using the phone j. Not smoking

Unit 4. Describing a typical day at school: VOCAB BUILDING

1. Match

Llego al colegio – I arrive at school
Hago mis deberes – I do my homework
Voy a la cantina – I go to the canteen
El recreo es a las nueve – Breaktime is at nine
Tengo inglés – I have English
Tengo historia – I have history
Salgo del colegio – I leave school
Voy a la biblioteca – I go to the library
Como en la cantina – I eat in the canteen
Tengo la última clase – I have the last lesson
Escucho al profe – I listen to the teacher
Charlo con mis compañeros – I chat with my schoolmates

2. Missing letters

a. La ter**ce**ra clase. b. La prime**r**a clase. c. L**l**ego al colegio. d. Sal**g**o del colegio. e. Ha**g**o mis deberes.
f. Escucho al prof**e.** g. C**h**arlo con mis compañeros. h. Como en la cantin**a.** i. Hacer co**l**a en la cantina.
j. Hay una pausa para c**o**mer.

3. Complete with the missing words

a. Por lo general **llego** al colegio a las ocho y cuarto.
b. El lunes, mi p**rimera** clase es español.
c. Después tenemos el r**ecreo.**
d. Durante el recreo c**harlo** con mis amigos.
e. Luego tengo la s**egunda** clase, que es la clase de historia.
f. No me gusta la historia porque es muy a**burrida.**
g. Luego, es la h**ora de comer.**
h. Tengo que hacer c**ola** en la cantina.
i. Suelo c**omer** pasta o arroz con pollo o carne.
j. Mi ú**ltima** clase es a las dos y media.

4. Put the actions below in chronological order

5, 6, 9, 1, 10, 7, 2, 11, 3, 8, 12, 4

5. Spot and correct the grammar/spelling mistakes

a. Voy al club **de** ajedrez. b. Llego **al** colegio a las ocho. c. Tengo la **clase de** historia.
d. Durante el recr**e**o. e. Salgo de**l** colegio. f. Voy **a la** biblioteca. g. No puedo lle**var** faldas cort**as**.
h. No debo lle**var** pendientes. i. No se puede **comer chicle**. j. Tengo mi **última** clase.
k. Mi se**g**unda clase es ingl**és**. l. Las clases termina**n** a las tres.

6. Gapped translation

a. At my school, one cannot **smoke.**
b. My **first** class is English.
c. On Fridays, my first class is **maths.**
d. Break is at **09:30**.
e. During break, I play **basketball**.
f. In my school, one cannot wear **earrings.**
g. I usually do my homework in the **library.**
h. You must **queue up** in the canteen.
i. One cannot eat in the **classrooms.**
j. I have to wear a **school uniform.**

7. Likely or unlikely

a. Likely b. Unlikely c. Likely d. Unlikely e. Unlikely f. Unlikely g. Unlikely h. Unlikely i. Unlikely
j. Likely k. Unlikely

8. Sentence puzzle

a. No se puede fumar.
b. Se debe llevar uniforme.
c. Tengo que hacer cola en la cantina.
d. No se puede utilizar el móvil.
e. Tienes que hacer los deberes.
f. Las clases empiezan a las ocho y cuarto.
g. No se puede comer chicle
h. No se puede llevar pendientes.
i. Se debe respetar a los profesores.
j. Se debe levantar la mano antes de hablar.

9. Complete with a suitable word

a. No se puede **fumar** cigarrillos.
b. Las clases **terminan** a las tres y media.
c. Vuelvo a **casa** en autobús.
d. A la hora de **comer** no como mucho.
e. Se debe **hacer** cola en la cantina.
f. Hago mis deberes en la **biblioteca.**
g. No se puede llevar **maquillaje/pendientes.**
h. Se debe **respetar** a los profesores.
i. Se debe **hacer** los deberes.

10. Faulty translation

a. One must not **chat** in lessons. b. One cannot wear **earrings.** c. One must raise their hand before **speaking.**
d. One cannot **chew gum.** e. One cannot **smoke** in the corridors. f. One cannot wear **trainers.**

Unit 4. Describing a typical day at school: READING 1

1. Find the Spanish equivalent

a. Llego al colegio b. Las clases empiezan c. Nunca hacemos trabajo de grupo d. Durante el recreo
e. Tengo inglés f. Es la hora de comer g. Comemos y charlamos h. Comí arroz i. Soy muy deportista
j. Las reglas son bastante estrictas

2. Correct the statements

a. Guillermo **can't stand** geography.
b. **During break** he plays basketball.
c. He learns **a lot** in the Spanish lessons.
d. The English teacher shouts **a lot.**
e. **Last** Monday he **ate** rice with chicken.
f. He **loves** sport.
g. There are **35** grams of sugar in a Coke.
h. **Last** Friday he **had to** tidy up the headteacher's office.

3. Correct the mistakes in these sentences from Guillermo's text and then translate them

a. Llego al colegio a eso **de** las ocho. — *I get to school at around 8:00.*
b. Durante el recreo juego **al** baloncesto. — *During break I play basketball.*
c. Nunca hacemos trabaj**o** de grupo. — *We never do group work.*
d. Com**e**mos y charlamos. — *We eat and chat.*
e. Me encanta porque soy muy **deportista**. — *I love it because I am very sporty.*
f. No se puede utilizar **el** móvil. — *One cannot use the mobile phone.*
g. No se puede correr en los **pasillos**. — *One cannot run in the corridors.*
h. Se debe hacer **los** deberes. — *One must do the homework.*
i. Si se rompe**n** las reglas. — *If the rules are broken.*
j. Tuve **que** pasar un**a** hora con el director. — *I had to spend one hour with the headteacher.*
k. Fu**e** aburridísimo. — *It was very boring.*

4. Answer the following questions

a. At around 8:00 b. At 8:15 c. He plays basketball with his friends d. Very fun
e. A lot f. The teacher shouts a lot and is too strict g. Rice with chicken h. Because he is very sporty
i. One must wear the uniform, one cannot use the mobile phone, one cannot smoke, one must not run in the corridors and one must do the homework every day,
j. The punishments are very harsh k. He didn't do his homework
l. He had to spend one hour with the headteacher tidying up his office, it was very boring

Unit 4. Describing a typical day at school: READING 2

1. Complete the sentences below based on the text

a. School Day b. 8:30 c. History d. Unfriendly, fun e. Break f. Jokes g. Shouts, explain
h. Football, playground i. Chat j. Meat with potatoes, orange juice k. Last, friendly

2. Find in the last paragraph of Adriana's text the Spanish equivalent of the following items

a. Hay demasiadas reglas b. Se debe llevar c. No se puede utilizar d. No se puede fumar
e. No se puede correr f. Antes de hablar g. Los castigos h. Tuve que pasar una hora

3. Correct the false statements

a. Adriana come algo en la cantina durante el recreo.
b. A Adriana le encanta el francés.
c. La profe de dibujo grita mucho.
d. Adriana come carne.
e. La clase favorita de Adriana es ciencias.
f. En su colegio hay demasiadas reglas.
g. El miércoles pasado Adriana llegó tarde.

4. Translate the last paragraph of Adriana's text into English

In my school, there are too many strict rules. One must wear uniform, one cannot use the mobile phone, one cannot smoke, one cannot run in the corridors, one cannot use the lift, one must do the homework every day and one must always raise the hand before speaking in class. If one breaks the rules / If the rules are broken the punishments are very harsh. Last Wednesday, I arrived late at school and I had to spend one hour with the headteacher cleaning his office. It was very boring!

Unit 4. Describing a typical day at school: READING & WRITING

1. Find someone who

a. Marta b. Sonia c. Susana d. Marcelo e. Marina f. José g. Juan h. Conchi i. Susana
j. José k. Conchi l. María

2. Complete with a suitable word

a. Any logical time for breaktime in the morning b. Empiezan c. Colegio d. Any class
e. Después f. No se debe g. Any negative adjective to describe a subject
h. Primera/segunda/última i. Any item of clothing that one must wear to school

3. Write an extension of the sentence said by each person on the left

Students' own answers.

Unit 4. Describing a typical day at school: WRITING

1. Match questions and answers

¿Cómo vas al colegio?	Voy en bici
¿A qué hora llegas?	A eso de las ocho menos cuarto de la mañana.
¿Cuál es tu primera clase el viernes?	A primera hora tengo dibujo.
¿Por qué no te gusta el profe de historia?	Porque es muy antipático y me chilla.
¿Quién es tu profe preferido?	La profesora de español.
¿Por qué?	Porque siempre me ayuda.
¿Qué haces durante el recreo?	Como y charlo con mis amigos en la cantina.
¿Hacéis deporte en tu colegio?	Sí, hacemos atletismo y natación.
¿A qué hora vuelves a casa? ¿Cómo?	A las tres y media de la tarde, en autobús.
¿Cómo son las reglas en tu colegio?	Son muy estrictas. No me gustan.
¿Cuál es la regla que menos te gusta?	Que no se puede llevar maquillaje.

2. Translate into Spanish

a. **Llego al colegio a eso de las ocho.**
b. **Hoy mi primera clase es inglés.**
c. **Después tengo español.**
d. **La hora de comer es a mediodía.**
e. **Mi última clase es informática.**
f. **Odio esta asignatura.**
g. **En mi colegio hay muchas reglas.**
h. **No se puede llevar maquillaje.**

3. Translate the two paragraphs into Spanish

a. Suelo llegar al colegio a las ocho y cuarto. Los lunes mi primera clase es historia. Me encanta la historia porque el profesor es simpático y divertido. Entonces tengo el recreo hasta las nueve y media. Durante el recreo suelo hablar con mi mejor amigo Paco o con mi novia. Mi segunda clase es inglés. No me gusta esta asignatura. El almuerzo/La hora de comer es a mediodía. Después del almuerzo tengo dos clases más: inglés y matemáticas. No me gustan estas asignaturas porque son demasiado difíciles. En mi colegio las reglas son muy estrictas. No se puede correr en los pasillos; no se puede llevar maquillaje o pendientes; no se puede utilizar el ascensor; no se puede hablar sin levantar la mano y las chicas no pueden llevar maquillaje.

b. Las reglas de mi colegio son muy estrictas. En primer lugar, se debe llegar a las siete y cuarenta y cinco / ocho menos cuarto en punto. En segundo lugar, se debe llevar uniforme. Lo odio, porque no puedo llevar mi gorra de béisbol y zapatillas deportivas favoritas. También, no puedo comer chicle ni utilizar mi móvil. Tampoco puedo jugar a videojuegos durante el recreo y la pausa del almuerzo. En clase, no se puede hablar sin levantar la mano y no se puede ir al baño. Sin embargo, lo que me gusta de mi colegio es que los profesores son amables, aprendo mucho y se puede hacer mucho deporte.

TERM 1 - BRINGING IT ALL TOGETHER - 4

1. Answer the following questions in English

a. Quite big
b. A sports centre
c. Croissants and peach juice
d. Goes to school by bus
e. 8:30
f. Maths
g. 3:00
h. His brothers and his friends
i. Ate dinner with his family and played the guitar
j. PE and Music

2. Find the Spanish equivalent in Enzo's text

a. Mis cuatro hermanos
b. Vamos ahí todos los días
c. Por lo general tomamos tostadas
d. Me gusta hacer los deberes después de desayunar
e. Las clases empiezan a
f. El recreo es a las diez y media
g. Está prohibido
h. Después del colegio
i. Siempre jugamos al fútbol
j. Después hicimos natación
k. Fue muy agotador
l. Mañana es jueves
m. Los profesores son muy simpáticos y divertidos

3. Complete the translation of paragraph 2

At my school, there are some **rules** and, in my opinion, they are **very** important. One **cannot** eat **chewing gum** nor eat in the **classrooms**. One must not use the **mobile phone** and one cannot go to the **toilet** during **lessons** either. You **have** to wear **uniform** and it is prohibited to wear **trainers**, **headphones** and **makeup**. Nor can you wear **earrings** which to me seems **strict**.

4. True (T), False (F) or Not Mentioned (NM)?

a. T b. F c. T d. NM e. T f. T g. F h. T i. T j. F k. NM l. T m. T

5. Complete the statements

a. Siblings b. Listen to music, mobile phone c. Long skirts, short skirts d. Chewing gum, strict
e. Oliver, Alicia

UNIT 5. Talking about La Tomatina

TRANSCRIPTS

1. Multiple choice

e.g. Durante la batalla de tomates me caí muchas veces.
a. Durante la batalla de tomates tiré un montón de tomates.
b. Finalmente me acosté a las diez.
c. Después de la fiesta comí tapas.
d. El día de la fiesta nos despertamos muy temprano.
e. No se debe tirar botellas.
f. Además, es una buena idea llevar zapatillas.
g. Después de la fiesta alquilé un coche.

2. Complete the words

a. Volvimos b. Llegué c. Alquilé d. Llovió e. Conocimos f. Me ensucié g. Me reí
h. Me duché i. Me acosté j. No se debe

3. Spot the intruders

a. El fin de semana pasado fui con mi mejor amiga a Buñol para participar en la Tomatina.
b. Viajamos en autocar y el viaje fue largo pero divertido. Cuando llegué alquilé un coche.
c. El día de la fiesta me desperté muy temprano.
d. Por la mañana hizo buen tiempo, pero luego estuvo nublado.
e. Durante la batalla de tomates me ensucié mucho y tiré un montón de tomates.
f. Después de la fiesta volvimos al hotel y comimos tapas.
g. Finalmente nos acostamos a las diez. Fue una experiencia increíble.
h. En esta fiesta no se debe tirar piedras y se recomienda llevar gafas de natación.

4. Fill in the blanks

a. El fin de semana pasado fui con mis amigos a Buñol para participar en la Tomatina.
b. Viajamos en coche y el viaje fue largo y duro.
c. El día de la fiesta nos despertamos a las ocho. Luego llegamos al pueblo para coger sitio.
d. Durante la batalla de tomates conocimos a mucha gente.
e. Después de la fiesta volvimos al hotel y descansamos.
f. Finalmente nos acostamos a las diez. Fue una experiencia maravillosa.
g. En esta fiesta hay algunas reglas importantes. Solo se debe tirar tomates, piedras no.
h. Además, es una buena idea llevar camisetas viejas y gafas de natación.

5. Faulty translation

e.g. Viajé en avión, pero no fue divertido.
a. Durante la batalla de tomates me ensucié mucho.
b. Finalmente me acosté a las once.
c. Después de la fiesta volvimos al hotel y nos duchamos.
d. Luego llegué al pueblo.
e. Es una buena idea llevar zapatillas.
f. Viajamos en coche y el viaje fue largo.
g. Por la mañana hizo buen tiempo. Luego llovió un poco.

6. Narrow listening

a. Hola, me llamo Fran y el fin de semana pasado fui con mi mejor amiga a Buñol para participar en la Tomatina. Viajamos en tren y luego alquilamos un coche. El viaje fue largo, pero divertido.

b. El día de la fiesta me desperté a las ocho, pero mi amiga se despertó muy temprano, a las cinco y media. Por la mañana hizo calor, pero luego estuvo nublado.

c. Durante la batalla de tomates conocimos a mucha gente. Después de la fiesta volvimos al hotel y comimos tapas. En mi opinión fue una experiencia maravillosa.

7. Listen to Tamara and answer the questions in English

Part 1

Hola, soy Tamara y tengo veintiocho años. El fin de semana pasado fui con mis amigas a Buñol para participar en la Tomatina. Viajamos en autocar y luego alquilamos un coche. El viaje fue largo, pero divertido. Cuando llegamos comimos tapas.

Part 2

El día de la fiesta nos despertamos muy temprano. Luego llegamos a las siete de la mañana al pueblo para coger sitio. Por la mañana hizo frío, pero luego hizo calor. Durante la batalla de tomates me reí mucho y nos caímos muchas veces.

Part 3

Después de la fiesta volvimos al hotel y descansamos. Finalmente nos acostamos a las diez. Fue una experiencia inolvidable.

ANSWERS

Unit 5. Talking about *La Tomatina* festival: LISTENING

1. Multiple choice

a. Tiré tomates b. Me acosté c. Comí tapas d. Nos despertamos e. Tirar botellas
f. Llevar zapatillas g. Alquilé

2. Complete the words

a. V**olvimos** b. L**legué** c. Al**quilé** d. L**lovió** e. C**onocimos** f. M**e ensucié** g. M**e reí**
h. M**e duché** i. M**e acosté** j. N**o se debe**

3. Spot the intruders

a. El **La** fin de semana pasado fui con mi mejor **amigo** amiga a Buñol para participar en la Tomatina.
b. Viajamos en **avión** autocar y el viaje fue **corto** largo pero divertido. Cuando llegué alquilé un **una** coche.
c. El día de la fiesta **nos despertamos** me desperté muy temprano **a las ocho**.
d. Por la mañana hizo **mal** buen tiempo, pero luego estuvo **hubo** nublado.
e. Durante la batalla de tomates me **caí** ensucié mucho y tiré **de** un montón de **piedras** tomates.
f. Después de la fiesta volvimos **volví** al hotel y comimos **comí** tapas **tapos**.
g. Finalmente **me acosté** nos acostamos a las **nueve** diez. Fue una **un** experiencia increíble **inolvidable**.
h. En esta fiesta no se **puede** debe tirar piedras **botellas** y se recomienda llevar **llegar** gafas de natación.

4. Fill in the blanks

a. El fin de **semana** pasado fui con mis **amigos** a Buñol **para** participar en la Tomatina.
b. Viajamos en **coche** y el viaje fue **largo** y **duro**.
c. El **día** de la **fiesta** nos **despertamos** a las ocho. Luego **llegamos** al pueblo para coger sitio.
d. Durante la **batalla** de **tomates** conocimos a mucha **gente**.
e. **Después** de la fiesta **volvimos** al hotel y **descansamos**.
f. Finalmente **nos** acostamos a las **diez**. Fue una experiencia **maravillosa**.
g. En esta fiesta **hay** algunas **reglas** importantes. Solo se debe **tirar** tomates, **piedras** no.
h. Además, es una buena idea llevar **camisetas viejas** y **gafas** de **natación**.

5. Faulty translation

a. During the tomato fight **I got dirty** a lot.
b. Finally, **I went to bed** at 11:00.
c. After the festival, we returned to the hotel **and we showered**.
d. Then, I arrived at the **town**.
e. It is a good idea to wear **trainers**.
f. We travelled by car and the journey was **long**.
g. In the morning, the weather was good. Later, **it rained a bit**.

6. Narrow listening

a. Hello, my **name** is Fran and **last weekend**, I went with my **best friend** to **Buñol** to take part in La Tomatina. **We** travelled by **train** and then **rented** a **car**. The trip was **long** but **fun**.

b. On the day of the festival, I woke up at **8:00** but my **friend** woke up very early at **5:30**. In the **morning**, it was **hot**, but later, it was **cloudy**.

c. During the tomato fight, we **met** lots of **people**. After the festival, we **returned** to the **hotel** and we **ate** tapas. In my opinion, it was a **marvellous** experience.

7. Listen to Tamara and answer the questions in English

Part 1

a. 28 b. By coach and then rented a car c. Long, but fun

Part 2

a. At 7 in the morning b. Cold c. Hot d. Laughed a lot and fell over a lot

Part 3

a. Rested b. Unforgettable

Unit 5. Talking about when I went to *La Tomatina*: VOCAB BUILDING

1. Match

Fui a Buñol – I went to Buñol **Para participar en** – To take part in **Ella se despertó** – She woke up
Alquilamos un coche – We rented a car **El viaje fue duro** – The trip was hard
Llegamos temprano – We arrived early **Hay algunas reglas** – There are some rules
No se debe – One must not **Tirar piedras** – To throw stones **Se recomienda** – It's recommended
Llevar ropa vieja – To wear old clothes **Estuvo nublado** – It was cloudy

2. Missing letters

a. El fin de se**m**ana pasado b. F**u**i a Buñol c. Me despert**é** muy temprano d. El d**í**a de la fiesta
e. En esta fies**t**a f. Hay algunas re**g**las importantes g. Solo se debe ti**r**ar tomates h. Por la ma**ñ**ana
i. Dura**n**te la batalla de tomates j. Me ca**í** muchas veces k. Me ensuci**é** mucho

3. Faulty translation

a. My **best** friend b. **He/she** woke up at eight c. We arrived **early** d. There are **important** rules
e. To throw **bottles** f. Swimming **goggles** g. It was **stormy** h. I got really **dirty** i. I **laughed** a lot
j. I returned **to the hotel** k. I **went to bed** at ten

4. Spot and add in the missing word

a. Viajé **en** coche b. El viaje **fue** largo c. El día **de** la fiesta d. Llegamos **temprano** e. No **se** debe tirar
f. Por **la** mañana g. Llovió un **poco** h. Me caí **muchas** veces i. Volví **al** hotel j. Me acosté **a** las diez
k. Me ensucié **mucho**

5. Sentence puzzle

a. El fin de semana pasado fui a Buñol.
b. Para participar en la Tomatina.
c. Llegamos temprano para coger sitio.
d. En esta fiesta hay algunas reglas importantes.
e. No se debe tirar piedras o botellas.
f. Por la tarde llovió un poco.
g. Durante la batalla de tomates.
h. Conocí a mucha gente divertida.
i. Me reí mucho y me ensucié mucho.

6. Complete with the verb in the preterite form

a. La semana pasada yo **fui** a Buñol.
b. Mi amigo y yo **viajamos** en tren.
c. **Me levanté / Nos levantamos** temprano, a las ocho.
d. **Llegué / llegamos** temprano para coger sitio.
e. **Conocí / conocimos** a mucha gente divertida.
f. Yo **volví** al hotel a pie.
g. Nosotros **tiramos** muchos tomates.
h. **Me ensucié / nos ensuciamos** mucho.
i. Volví al hotel y **me duché.**
j. Luego **descansé.**
k. Mi amigo y yo **nos acostamos** a las diez.
l. **Fue** un viaje inolvidable.

7. ¿Buena idea o mala idea?

a. Mala idea b. Buena idea c. Buena idea d. Mala idea e. Buena idea f. Mala idea g. Mala idea

8. Gapped translation

a. Weekend b. Take part c. Best d. Travelled e. Some f. Stones g. Good h. Rained i. Fight j. Dirty

9. Translate into English

a. In the morning b. It was cloudy c. But later the weather was good/nice d. I met a lot of people
e. I fell many times f. And I laughed a lot g. We threw a lot of tomatoes h. We returned to the hotel
i. We showered j. We went (out) to eat tapas k. I went to bed at 10:00 l. It was a marvellous experience

Unit 5. Talking about when I went to *La Tomatina*: READING 1

1. Find the Spanish equivalent

a. Fue increíble b. Participar en c. Nos despertamos d. Alquilamos un coche e. Llegamos temprano
f. Durante la fiesta g. Hay algunas reglas h. Gafas de natación i. Hizo buen tiempo
j. Tiramos muchísimos tomates k. ¡Lo pasamos bomba! l. Luego fuimos m. Una experiencia inolvidable

2. Answer the questions in Spanish in full sentences, as if you were Juanjo

a. Fui el fin de semana pasado.
b. Fui con mi mejor amigo, Cristóbal.
c. Viajé en avión (y luego alquilé un coche).
d. ¡Es muy importante solo tirar tomates!
e. Porque los tomates son bastante ácidos (y te pueden dañar los ojos).
f. Hizo buen tiempo por la mañana
g. Conocí a mucha gente divertida (y tiré muchísimos tomates).
h. Cuando volví al hotel me duché (y luego fui a un restaurante).
i. Sí, me encantaría volver otra vez.

3. Complete the sentences

a. Funny, sporty b. Woke up, five c. Listening, looking at d. Early, good spot e. Stones, bottles, dangerous
f. Returned, showered

Unit 5. Talking about when I went to *La Tomatina*: READING 2

1. Find the Spanish equivalent

a. Fue bastante interesante b. Para participar en c. Tocar el ukelele d. El día del viaje e. No fue nada divertido f. Para coger sitio g. Pero yo solo tenía sandalias h. Esto sí que es obvio i. Llovió un poco j. Odio los tomates k. No me gustaría volver nunca

2. Translate the following sentences into English

a. Near the city of Valencia b. I woke up at 5:00 c. In fact, it was very boring d. There are many interesting rules e. One must only throw tomatoes f. But it was too hot g. In the afternoon/evening I returned to the hotel h. It was a terrible experience

3. Write T, F or NM and correct the incorrect statements

a. **T** b. **F** – It was not fun at all c. **F** – They arrived early d. **F** – He only had sandals e. **NM** f. **F** – He didn't like the weather at all g. **T** h. **F** – He never wants to return

Unit 5. Talking about when I went to *La Tomatina*: READING & WRITING

1. Find someone who

a. Rafi b. Leonardo c. Rosa d. Dylan e. Natasha f. Sara g. Mateo h. Verónica i. Jaume j. Ariella k. Mateo l. Sara

2. Complete with a suitable word

a. Any person
b. Any transport method (not train)
c. Alquilé d. Any time of day or time phrase
e. Any weather type that can be used with 'hizo'
f. Any activity you could do during the battle
g. Volví
h. Any adjective to describe the experience
i. Tirar, any other inappropriate missile

3. Write an extension of the sentence said by each person on the left

Students' own answers

Unit 5. Talking about when I went to *La Tomatina*: WRITING

1. Complete the text below with one of the options below

El mes pasado, **fui** con mi primo a Buñol, para participar en la Tomatina. Viajamos en **avión**. El viaje fue **largo** pero muy divertido. **El** día de la fiesta llegamos muy temprano para coger **sitio**. Durante **la** fiesta de la Tomatina **hay** algunas reglas muy importantes. La **más** importante es que solo se debe tirar tomates. Por la mañana **llovió** mucho, **pero** luego hizo buen tiempo. Durante la **batalla** de tomates conocí a mucha **gente** y nos reímos muchos. Por la tarde volví al hotel y me duché. Fue una experiencia inolvidable.

2. Complete the grids with the appropriate verb forms

Me acosté – Nos acostamos **Me desperté** – Nos despertamos **Me reí** – Nos reímos **Me caí** – Nos caímos **Conocí** - Conocimos **Descansé** - Descansamos **Viajé** - Viajamos **Volví** – Volvimos

3. Guided translation

a. El verano pasado fui a Buñol.
b. Fui con mi mejor amigo Juan.
c. Fuimos para participar en la Tomatina.
d. Hay algunas reglas importantes.
e. Solo se debe tirar tomates.
f. Por la mañana hizo sol, pero luego llovió.
g. Durante la batalla tiré muchos tomates.
h. Conocí a mucha gente y me reí mucho.

4. Translate the following text into Spanish

Hola. Me llamo Pedro. El año pasado fui con mis amigos a Buñol para participar en la Tomatina.
Viajamos en avión y luego en tren. El viaje fue muy largo pero bastante divertido.
El día de la fiesta llegamos bastante temprano para coger sitio. En esta fiesta hay algunas reglas importantes.
No se debe tirar piedras, solo tomates. Además, se recomienda llevar gafas de natación y zapatillas de deporte.
Por la mañana hizo buen tiempo y mucho calor. Luego, hubo tormenta y llovió mucho.
Durante la batalla de tomates tiré un montón de tomates, me reí mucho y me ensucié mucho.
Por la tarde volvimos al hotel, nos duchamos y luego comimos unas tapas. Me acosté a las diez.
Fue una experiencia inolvidable.

5. Write 150 to 200 words about a trip to la Tomatina. Mention the following details:

Students own answer based on language from this unit.

TERM 1 – BRINGING IT ALL TOGETHER – 5

1. Answer the following questions in English

a. There are many things to do in his neighbourhood b. Abroad c. To England
d. It is faster and comfortable e. By coach f. In a youth hostel g. To get a good spot
h. The weather was good i. He fell over many times j. Returned to the youth hostel

2. Find the Spanish equivalent in Juan's text

a. En las afueras de la ciudad b. Hay muchas cosas que hacer c. Hace dos años fui a Inglaterra
d. Siempre me alojo en un hotel e. Aunque puede ser más caro f. Para participar en
g. Viajamos en autocar h. Fue bastante tranquilo y cómodo i. Me desperté muy temprano
j. Por la mañana hubo tormenta k. Conocimos a mucha gente simpática l. Después de la fiesta
m. Fue una experiencia inolvidable

3. Complete the translation of paragraph 6

In this **festival**, there are some very important **rules** that are fundamental for the safety of **all** participants. One must only **throw** tomatoes during the **battle**. One must **never** throw **stones** nor **bottles** because they are very **dangerous**. Furthermore, it is a **good** idea to wear **swimming goggles** to protect your **eyes**. It is also **recommended** to **wear** old T-shirts because it is impossible not to get dirty.

4. True (T), False (F) or Not Mentioned (NM)?

a. F b. T c. T d. F e. T f. T g. T h. F i. T j. F k. T l. NM m. T

5. Complete the statements

a. Long, short b. Gym, hotel c. Daniela, friends d. Gael, tomatoes, laughed
e. Daniela, swimming goggles

END OF TERM 1 – QUESTION SKILLS

TRANSCRIPTS & ANSWERS

1. Fill in the missing letters

a. ¿**Adónde fuiste** de vacaciones?
b. ¿**Cómo** v**iajaste**?
c. ¿**Cómo** fue el viaje?
d. ¿**Dónde** te **quedaste**?
e. ¿**Te gustó**?
f. ¿**Qué** h**iciste** durante las vacaciones?
g. ¿**Qué fue** lo mejor de t**us** vacaciones?
h. ¿**Qué haces** en tu **tiempo** libre?
i. ¿**Qué hiciste** ayer después del colegio?
j. ¿**Qué** p**lanes** tienes para este finde?
k. ¿A **qué hora** empiezan **las** clases?
l. ¿A q**ué hora** termin**an** las clases?
m. ¿**Qué** clases **tienes** por la mañana?
n. ¿**Qué** haces d**espués** del c**olegio**?
o. ¿**Qué** reglas h**ay** en tu c**olegio**?
p. ¿**Has ido** a alguna fiesta típica española?
q. ¿**Cuándo fuiste** y c**ómo fue**?

2. Choose the option that you hear

a. Fui de vacaciones a **Alemania**.
b. Viajé en **coche**.
c. El viaje fue **divertido**.
d. Me quedé en **un camping**.
e. Fue **horrible**.
f. El primer día **hice ciclismo**.
g. Lo mejor fue pasar tiempo con **amigos**.
h. En mi tiempo libre toco **el piano**.
i. **Hice los deberes**.
j. Voy a salir **al centro comercial**.
k. Las clases empiezan a las **nueve**.
l. Las clases terminan a las **tres**.
m. A primera hora tengo **español**.
n. Voy al club de **equitación**.
o. No se debe llevar **pendientes**.
p. Fui a **las Fallas**.
q. Fui el año pasado y fue **inolvidable**.

3. Listen and write in the missing information

a. Fui de **vacaciones** el verano **pasado** con mi **familia**. Fui a **Francia**
b. Viajamos en **avión** y el viaje **duró** cuatro horas y **media**.
c. El **viaje** fue muy **rápido** y bastante **cómodo**.
d. Me **alojé** en un **albergue juvenil** en el centro de la ciudad.
e. Me **encantó** el viaje porque la **gente** era **simpática**.
f. Durante las vacaciones **hice** muchas cosas. El primer día **alquilé** una **bici**.
g. Lo **mejor** fue cuando vi un **partido** de fútbol con mi **mejor** amigo.
h. En mi tiempo **libre** me gusta jugar al **fútbol** en el **polideportivo**.
i. Ayer, **después** del colegio fui a **casa** de mi amigo a **jugar** a la Play.
j. Este fin de **semana** voy a ir al **parque** con mis **abuelos**.
k. En mi **colegio** las clases **empiezan** a las **ocho** y media.
l. En mi **colegio** las clases **terminan** a las **tres** de la tarde.
m. A primera **hora** tengo clase de **español**. Después tengo clase de **inglés**.
n. **Después** del colegio voy al club de **ajedrez** con mi **hermana**.
o. En mi colegio no se **debe** comer **chicle** en las **aulas**.
p. Sí, el año pasado fui a la **Tomatina**, una **fiesta** que se celebra en **agosto** en Buñol.
q. Fui el **verano** pasado con mi **amigo** y me **encantó**.

UNIT 6. Talking about yesterday after school

TRANSCRIPTS

1. Dictation

a. ¿Qué hiciste ayer?
b. Ayer desayuné a las siete.
c. Tuve clase de español.
d. Durante el viaje a casa dormí.
e. Hice los deberes en el salón.
f. Toqué el piano en mi dormitorio.
g. Por la tarde fui al parque.
h. Después de cenar usé mi móvil.
i. Usé mi portátil para ver vídeos.
j. En el colegio aprendí mucho.

2. Listen and fill in the gaps

a. Ayer por la mañana me levanté a las seis.
b. En el colegio tuve clase de francés y fue divertido.
c. Luego volví a casa a las tres en autobús.
d. Durante el viaje a casa hablé con mis amigos.
e. Cuando llegué a casa saqué al perro.
f. Jugué a videojuegos en mi dormitorio.
g. Por la tarde quedé con mis amigos.
h. Después de cenar me metí en internet.

3. Spot the intruder

Ayer por la mañana fui al colegio a las siete y media. En el colegio tuve clase de español y lo pasé bien. Luego volví a casa a las cuatro a pie. Durante el viaje a casa escuché música. Cuando llegué a casa jugué a videojuegos en mi dormitorio. Luego, por la tarde salí al centro comercial. Después de cenar usé mi móvil para mirar mi Instagram.

4. Multiple choice

e.g. Cuando llegué a casa toqué el piano en el salón.
a. Ayer por la mañana fui al colegio a las siete.
b. En el colegio tuve clase de francés y fue divertido.
c. Luego volví a casa a las tres a pie.
d. Durante el viaje a casa hablé con mis amigos.
e. Cuando llegué a casa saqué al perro.
f. Luego, por la tarde charlé con mis amigos.
g. Después de cenar me metí en internet para buscar información.
h. ¿Qué hiciste cuando volviste a casa?

5. Faulty translation

e.g. Después de cenar usé mi portátil para ver vídeos en YouTube.
a. Ayer por la mañana desayuné a las seis y media.
b. En el colegio tuve clase de francés y fue divertido.
c. Luego volví a casa a las tres y cuarto en autobús.
d. Durante el viaje a casa escuché música.
e. Cuando llegué a casa hice los deberes en el jardín.
f. Luego, por la tarde quedé con mis amigos.
g. Después de cenar usé mi móvil para chatear con mis amigos.

6. Listening slalom

a. Después de cenar usé mi móvil para mirar mi Instagram.
b. En el colegio tuve clase de español y fue divertido.
c. Luego volví a casa a las cinco en coche con mi hermana.
d. Después, a las seis y media fui al parque con mis amigos.
e. Antes del colegio me levanté a las seis y charlé con mi hermano.

7. Narrow listening

Hola, me llamo Andrés y soy de Albacete. Tengo once años y vivo con mis padres y mi hermano menor. Ayer por la mañana me levanté a las seis y media y fui al colegio a las siete y media. En el colegio tuve clase de inglés y aprendí mucho. Luego volví a casa a las tres en autobús. Durante el viaje a casa escuché música. Cuando llegué a casa hice los deberes en el salón. Luego, por la tarde fui al parque con mi hermano. Después de cenar me metí en internet para ver vídeos en YouTube.

8. Listen to the two conversations and answer the questions in English

<u>Conversation 1</u>

Laura: Hola, Iván. ¿Qué hiciste ayer?
Iván: Hola, Laura. Pues ayer por la mañana me levanté a las siete y media y fui al colegio.
Laura: ¿Cómo fuiste al colegio?
Iván: Fui al colegio en autobús y también volví a casa en autobús. ¿Y tú?
Laura: Siempre voy al colegio a pie. Sin embargo, ayer volví a casa en coche con mi padre. Durante el viaje a casa escuché música.
Iván: ¿Qué hiciste cuando llegaste a casa?
Laura: Cuando llegué a casa jugué a videojuegos con mi hermana en el salón. ¿Y tú?
Iván: Ayer, por la tarde salí al centro comercial con mis amigos.

<u>Conversation 2</u>

José: Buenos días, María.
María: Buenas, José. ¿Qué hiciste ayer?
José: Ayer salí con mis amigos al parque a las ocho de la tarde. ¿Y tú?
María: Me quedé en casa y usé mi portátil para ver vídeos en YouTube. Después de cenar escuché música en mi dormitorio y me acosté temprano, a las nueve.
José: ¿Por qué? ¿A qué hora te levantaste ayer por la mañana?
María: Ayer por la mañana me levanté muy temprano, a las cinco y media, y saqué al perro. Después fui al colegio a pie. En el colegio tuve clase de francés y lo pasé mal porque estaba cansada.

ANSWERS

Unit 6. Talking about yesterday after school: LISTENING

1. Dictation

a. ¿Q**ué** h**iciste** a**yer**?
b. A**yer** d**esayuné** a l**as** s**iete**.
c. T**uve** **clase** de e**spañol**.
d. Du**rante** el vi**aje** a ca**sa** d**ormí**.
e. H**ice** lo**s** deb**eres** en el s**alón**.
f. To**qué** el pi**ano** en mi d**ormitorio**.
g. P**or** la t**arde** **fui** al pa**rque**.
h. De**spué**s de cen**ar** us**é** mi m**óvil**.
i. U**sé** mi port**átil** pa**ra** **ver** víd**eos**.
j. En el co**legio** a**prendí** m**ucho**.

2. Listen and fill in the gaps

a. Ayer por la mañana **me levanté** a las **seis**.
b. En el colegio tuve clase de **francés** y fue **divertido**.
c. Luego **volví** a casa a las tres en **autobús**.
d. Durante el **viaje** a casa **hablé** con mis **amigos**.
e. Cuando **llegué** a casa **saqué al perro**.
f. **Jugué** a videojuegos en mi **dormitorio**.
g. Por la tarde **quedé** con mis **amigos**.
h. Después de **cenar** me **metí** en **internet**.

3. Spot the intruder

Ayer por la mañana fui **desayuné** al colegio **al** a las siete **seis** y media. En el colegio tuve clase de español **francés** y lo pasé **mal** bien. Luego volví a casa a las cuatro **en coche** a pie. Durante el viaje a casa **dormí** escuché música. Cuando llegué a casa **toqué** jugué a **perro** videojuegos en mi **salón** dormitorio. Luego, por la tarde salí **fui** al **la** centro comercial **amigos**. Después de **internet** cenar usé mi móvil para **ver** mirar mi **YouTube** Instagram.

4. Multiple choice

a. I got up b. Bad time c. School d. I listened e. I played f. Park g. YouTube h. You eat

5. Faulty translation

a. Yesterday morning, I had breakfast at **6:30**.
b. At school, I had a **French** lesson and it was fun.
c. Later, I returned home at 3:**15** by bus.
d. **During the trip** home, I listened to music.
e. When I got home, I did my homework in the **garden**.
f. Later, in the afternoon, I **met up with my friends**.
g. After dinner, I used my phone to **chat with my friends**.

6. Listening slalom

a. After dinner, I used my phone to look at my Insta.
b. At school, I had a Spanish lesson and it was fun.
c. Later, I returned home at 5:00 by car with my sister.
d. After, at 6:30, I went to the park with my friends.
e. Before school, I got up at 6:00 and I chatted with my brother.

7. Narrow listening

Hello, my **name** is Andrés and I am **from** Albacete. I am **eleven** years old and I live with my **parents** and my **younger** brother. Yesterday morning, I got up at **6:30** and I went to **school** at **7:30**. At school, I had an **English** lesson and **I learnt a lot**. Later, I returned home at **3:00** by **bus**. During the **trip** home, I **listened** to **music**. When I got **home**, I did my **homework** in the **living room**. Later, in the afternoon, I went to the **park** with my **brother**. After dinner, I went on the internet to **watch videos on YouTube**.

8. Listen to the two conversations and answer the questions in English

<u>Conversation 1</u>

a. At 7:30 b. By bus c. By car (with her dad)
d. She played video games with her sister in the living room
e. He went to the shopping mall with his friends

<u>Conversation 2</u>

a. He went out with friends to the park (at 8:00 in the afternoon) b. To watch videos on YouTube
c. In her bedroom d. At 5:30 e. By foot

Unit 6. Talking about yesterday after school: VOCAB BUILDING

1. Complete with the missing word

a. Desayuné b. Francés c. Perro d. Charlé e. Móvil f. Mañana g. Deberes h. Quedé i. Salón

2. Match

Ayer – Yesterday
Mi portátil – My laptop
Fue divertido – It was fun
Me levanté – I got up
Por la tarde – In the afternoon
En el jardín – In the garden
A las tres – At 3:00
En coche – By car
En el colegio – At school

3. Translate into English

a. I got up at 6:00
b. In the afternoon, I went
c. I went to the park with my brother
d. I had an English lesson
e. After dinner
f. To watch videos on YouTube
g. I did my homework in my bedroom
h. I listened to music in the car

4. Add the missing letter

a. Desayun**é** b. Me le**v**anté c. Volv**í** a casa d. Q**u**edé con e. Port**á**til f. Auto**b**ús g. L**l**egué h. **H**ablé

5. Anagrams

a. Divertido b. Portátil c. Aprendí d. Desayuné e. Colegio f. Información g. Videojuegos h. Dormitorio

6. Broken words

a. **Desayuné** a **las siete** b. **Me levanté** a **las seis** c. **Tuve clase** de **francés** d. **Escuché música**
e. **Cuando llegué** a **casa** f. **Después de cenar** g. **Me metí en internet** h. **Jugué** a **videojuegos**
i. **Saqué** al **perro**

7. Complete with a suitable Word

a. Accept any past tense morning activity
b. Accept any lesson
c. Accept any transport method
d. Accept any masculine location
e. Accept any masculine location
f. Accept any past tense time phrase
g. Accept any person
h. Accept any time of day

8. Spot the intruder

a. Ayer por **~~el~~** la mañana me levanté a las seis.
b. En el colegio tuve **~~la~~** clase de español.
c. Luego volví a casa a las tres **~~menos~~**.
d. Durante el **~~mucho~~** viaje a casa dormí.
e. Cuando **~~fui~~** llegué a casa hice los deberes.
f. Luego, por la tarde quedé con **~~mis~~** mi amigo.
g. Después de **~~ceno~~** cenar usé mi portátil.
h. Ayer por la **~~tarde~~** mañana fui al colegio.
i. En el colegio tuve **~~francés~~** clase de francés.
j. Cuando llegué a casa toqué **~~saqué~~** el piano.

9. Translate the verbs

a. Had/Ate breakfast b. Had c. Returned d. Spoke e. Arrived, played f. Met up

10. Likely or unlikely

a. U b. U c. L d. L e. U f. L g. L h. L i. L j. U

11. Sentence puzzle

a. Ayer por la mañana fui al colegio a las siete.
b. En el colegio tuve clase de español.
c. Luego volví a casa a las tres y media.
d. Durante el viaje a casa escuché música.
e. Cuando llegué a casa toqué el piano en el salón.
f. Luego por la tarde fui al parque con mi primo.
g. Después de cenar usé mi portátil.
h. Usé mi móvil para mirar mi Instagram.

12. Multiple choice

a. Yesterday morning b. I returned home c. During the trip d. I had a good time
e. I took the dog out f. After dinner g. I had a … class h. In the living room

Unit 6. Talking about yesterday after school: READING 1

1. Find the Spanish in Roberto's text

a. Tengo doce años b. Me duché c. A primera hora d. No explica las cosas muy bien
e. En mi dormitorio f. Comimos un helado g. Después de cenar h. Me acosté

2. Who does the statement refer to: Roberto or Inés?

a. Roberto b. Roberto c. Inés d. Roberto e. Inés f. Roberto g. Inés h. Roberto i. Inés j. Inés

3. Answer the following questions about Inés

a. Her father, her mother, her older brother and her younger sister b. Because she lives very far away
c. French, Maths d. He is a bit mean, he tells her off e. In the living room f. Played football
g. Used her laptop to look for information for her homework

4. Correct the mistakes

a. Ayer **por** la mañana
b. **Me** levanté muy temprano
c. **Fui** al colegio en bici
d. Volví a casa a **las** ocho
e. A **segunda** hora tuve clase de matemáticas
f. Porque a **veces** no **hago** los deberes
g. Me **metí** en **internet**

Unit 6. Talking about yesterday after school: READING 2

1. Find the Spanish in David's text

a. Una ciudad en el sur de España
b. Un piso bastante moderno
c. Todos los días me levanto
d. Ayer me levanté
e. Me puse el uniforme
f. Tomé un zumo de naranja
g. Vivo bastante lejos
h. Te regaña
i. Siempre me ayuda
j. Durante el viaje
k. Cuando llegamos a su casa
l. En el comedor
m. Cené con mi familia

2. Spot and correct the mistakes

a. En mi familia **hay** cinco personas
b. Todos los días me levant**o**
c. Me duché y me **puse** el uniforme
d. **Fui** al colegio en autobús
e. Me encant**an** las matemáticas
f. No **volví directamente**
g. Cuando lleg**amos** a su casa
h. Cené **con** mi familia
i. Me **acosté** a las diez y media

3. Tick or cross

a, b, d, f, g, j, l, m, n (appear in the text)

Unit 6. Talking about yesterday after school: READING & WRITING

1. Find somone who

a. Aquilino b. Elena c. Hugo d. Irene e. Jorge f. Monika g. Miguel Ángel h. Elena i. Hugo j. Federico

2. Complete with a suitable word

a. Accept any school subject
b. Accept any masculine location
c. Móvil/portátil, videos
d. Mañana
e. Aprendí, accept other past tense verbs
f. Llegué/volví, saqué
g. Accept any transport method, any time.

3. Using your imagination, write an extension of the sentence said by each person on the left

Students' own answers.

Unit 6. Talking about yesterday after school: WRITING

1. Complete the following sentences creatively

Students' own answers.

2. Tangled translation

a. Ayer por la mañana me levanté a las siete y desayuné cereales con leche y un plátano.
b. En el colegio tuve clase de francés a las diez menos veinte. No me gusta el profesor porque es antipático.
c. Luego volví a casa a las cuatro y cuarto en coche con mi padre y mi hermano menor.
d. Durante el viaje a casa escuché música, pero no me gusta la música española.
e. Cuando llegué a casa jugué a videojuegos en el salón con mi hermana menor.
f. Luego, por la tarde charlé con mis amigos y quedamos en el parque grande.
g. Después de cenar usé mi móvil para buscar información para mis deberes.

3. Fill in the missing letters

a. P**or** la m**añana**
b. E**n** el c**olegio** t**uve**
c. A**prendí** m**ucho**
d. **Volví a casa**
e. D**urante el** v**iaje**
f. H**ice** m**is deberes**
g. F**ui al** p**arque**
h. U**sé mi** p**ortátil**

4. Translate into Spanish

a. Ayer por la mañana fui al colegio en autobús a las ocho y media.
b. En el colegio tuve clase de español y lo pasé bien porque fue divertido.
c. Luego, volví a casa a pie a las tres y media y durante el viaje escuché música.
d. Cuando llegué a casa saqué al perro con mi hermana. Después jugué a videojuegos en mi dormitorio.
e. Luego, por la tarde salí al centro comercial con mi mejor amigo/a.

TERM 2 – BRINGING IT ALL TOGETHER – 6

1. Answer the following questions in English

a. Her mother and her older brother b. Take the dog out c. 30 minutes on foot
d. 8:15 e. They are quite strict f. At 7:00
g. She forgot her chemistry book h. Listened to music i. Returned home
j. Went on the internet to look at her Insta and watch videos on YouTube

2. Find the Spanish equivalent in Pilar's text

a. Lo que más me gusta
b. Ver una película en el cine
c. Para tomar el desayuno con mi familia
d. Tengo que sacar al perro
e. Suelo llegar a las ocho
f. Todos los días tengo clases diferentes
g. La profesora es muy inteligente
h. No se puede levantar la mano en clase
i. Fui al colegio a las siete y media
j. Cuando llego a casa
k. Cuando llegué a casa
l. Luego fui al parque con mis amigas
m. Después de cenar me metí en internet

3. Complete the translation of paragraph 4

Yesterday **morning**, I woke up **late** at **7:00** so I didn't have **breakfast** because I didn't want to **arrive** late to **school**. However, I took the **dog** out **before** leaving. I went to school at **7:30** like always. At school, I had a **science** lesson and I had a **bad** time because I forgot my **chemistry book**. Later, I **returned** home at **3:00** on **foot** and during the trip I **listened** to **music**.

4. True (T), False (F) or Not Mentioned (NM)?

a. F b. T c. T d. F e. NM f. T g. F h. T i. T j. T k. F l. T m. T

5. Complete the statements

a. Antonio b. Fell over, missed, bus c. Antonio, French d. Played video games e. Amira

UNIT 7. Talking about what I did last weekend

TRANSCRIPTS

1. Multiple choice

e.g. El fin de semana pasado fue muy divertido.
a. Mis amigos y yo fuimos a muchos sitios.
b. El viernes fui al centro de la ciudad para dar un paseo.
c. Y luego fuimos al cine para ver una película de acción.
d. El sábado pasé un rato usando el móvil.
e. El domingo no hice nada porque estaba ocupado.
f. Finalmente me acosté a eso de las diez.
g. Antes de dormir escuché un poco de música.

2. Complete the words

a. Divertido	b. Hicimos	c. Un paseo	d. Ciencia ficción	e. El sábado
f. Información	g. La guitarra	h. Estaba ocupado	i. Me acosté	j. Leí un libro

3. Fill in the blanks

a. ¿Qué hiciste ayer?
b. El fin de semana pasado fue bastante entretenido.
c. Mis amigos y yo fuimos a muchos sitios.
d. El viernes fui al centro comercial para dar un paseo.
e. Luego fuimos al cine para ver una película de acción.
f. El sábado pasé un rato sola estudiando español.
g. El domingo no hice nada porque hacía mal tiempo.

4. Spot the intruder

El fin de semana pasado fue bastante divertido. Mis amigos y yo hicimos muchas cosas. Por ejemplo, fuimos al centro de la ciudad para mirar escaparates. El sábado pasé una hora tocando la guitarra con mi amigo en mi casa. El domingo no hice nada porque tenía muchos deberes. Finalmente me acosté a eso de las diez.

5. Faulty translation

e.g. El fin de semana pasado fue muy entretenido.
a. Mis amigos y yo fuimos al centro comercial para comprar un regalo.
b. Y luego fuimos al cine para ver una película nueva.
c. El sábado pasé una hora tocando la guitarra.
d. El domingo no hice nada porque hacía mal tiempo.
e. Finalmente me acosté a las nueve.
f. Antes de dormir leí un libro.
g. El sábado pasé un rato escuchando música.
h. Por ejemplo, fui al centro de la ciudad para mirar escaparates.

6. Complete the table in English

a. Hola, soy Tiana. El fin de semana pasado fue muy divertido. El viernes fui al centro comercial para mirar escaparates y luego fui al cine para ver una película de ciencia ficción. El sábado pasé una hora tocando la trompeta con mi amigo en mi dormitorio. El domingo no hice nada porque estaba cansada.

b. Buenas, soy Patri. El fin de semana pasado fue bastante entretenido. Mis amigos y yo hicimos muchas cosas. El viernes fuimos al centro de la ciudad para dar un paseo y luego fuimos al cine para ver una película nueva. El sábado pasé un rato escuchando música sola en mi casa. El domingo no hice nada porque hacía mal tiempo.

c. Buenos días, me llamo Ian. El fin de semana pasado fue muy entretenido. Mis amigos y yo fuimos a muchos sitios. El viernes fui al centro comercial para mirar escaparates y luego fuimos al cine para ver una película de acción. El sábado pasé una hora usando el móvil en mi dormitorio. El domingo no hice nada porque estaba ocupado.

7. Narrow listening

Hola, soy Antonio y tengo catorce años. El fin de semana pasado fue muy divertido. Mis amigos y yo hicimos muchas cosas. El viernes fuimos al centro comercial para dar un paseo y luego fuimos al cine para ver una película de acción. El sábado pasé una hora escuchando música con mi amigo en mi casa. El domingo no hice mucho porque estaba cansado. Finalmente me acosté a las diez. Antes de dormir leí un libro.

8. Listen to Laura and answer the questions in English

Hola, soy Laura y tengo dieciocho años. Vivo en Madrid, la capital de España. El fin de semana pasado fue bastante divertido. Mis amigos y yo fuimos a muchos sitios. Por ejemplo, fuimos al centro comercial para mirar escaparates y luego fuimos al cine para ver una película de ciencia ficción. El sábado pasé una hora buscando información en mi dormitorio. El domingo no hice nada porque estaba cansada. Finalmente me acosté a eso de las diez y media, pero antes de dormir escuché un poco de música.

ANSWERS

Unit 7. Talking about what I did last weekend: LISTENING

1. Multiple choice

a. Cosas b. Fuimos c. Ficción d. Una e. Hacía f. Nueve g. Toqué

2. Complete the words

a. D**ivertido** b. H**icimos** c. **Un** p**aseo** d. Cien**c**ia fic**ción**
e. E**l sábado** f. I**nformación** g. La **guitarra** h. Esta**ba** ocupa**do**
i. M**e acosté** j. **Leí** un **libro**

3. Fill in the blanks

a. Hiciste b. Entretenido c. Fuimos, sitios d. Comercial e. Cine, acción f. Un, estudiando g. Hice, mal

4. Spot the intruder

El fin de semana pasado fue **muy** bastante **entretenido** divertido. Mis amigos y yo hicimos **muchos** muchas cosas. Por ejemplo, fuimos al centro de la **comercial** ciudad para **dar un paseo** mirar escaparates. El sábado **no** pasé una hora **usando** tocando la **móvil** guitarra **solo** con mi amigo en mi casa. El domingo no hice **tanto** nada porque **estaba** tenía muchos **tiempo** deberes. Finalmente me acosté a eso de las diez.

5. Faulty translation

a. My friends and I went to a shopping mall to **buy a gift**.
b. **And later** we went to the cinema to see a new film.
c. On Saturday, I spent an hour **playing the guitar**.
d. **On Sunday**, I didn't do anything because the weather was bad.
e. Finally, I went to bed at **9:00**.
f. Before going to sleep**, I read a book**
g. On Saturday, I spent a while **listening to music**.
h. For example, **I went to the city centre** to go window shopping.

6. Complete the table in English

a. Very fun / Went to the shopping centre to go window shopping, went to the cinema to watch a science fiction film / Spent an hour playing trumpet with her friend in her bedroom / Didn't do anything because she was tired

b. Quite entertaining / Went to the city centre to go for a walk, went to the cinema to watch a new film / Spent a while listening to music alone at home / Didn't do anything because the weather was bad

c. Very entertaining / Went to the shopping mall to go window shopping, went to the cinema to watch an action film / Spent an hour using his mobile in his bedroom / Didn't do anything because he was busy

7. Narrow listening

Hello, I'm Antonio and I'm **14** years old. Last weekend was **very** fun. My **friends** and I did lots of **things**. On **Friday**, we went to the **shopping mall** to go for a **walk** and later, we **went** to the **cinema** to watch an **action** film. On **Saturday**, I spent an hour **listening** to **music** with my **friend** in my house. On **Sunday**, I didn't do much **because** I was **tired**. Finally, I went to bed at **10:00**. Before going to sleep, I **read** a **book**.

8. Listen to Laura and answer the questions in English

a. 18
b. Madrid, Spain
c. Quite fun
d. Went window shopping and to the cinema
e. Science fiction
f. Looking for information
g. In her bedroom
f. Because she was tired
h. At about 10:30
i. She listened to a bit of music

Unit 7. Talking about what I did last weekend: VOCAB BUILDING

1. Match

¿Qué hiciste? – What did you do? **Ayer** – Yesterday **Entretenido** – Entertaining **Fuimos** – We went
Muchas cosas – Many things **Dar un paseo** – To go for a walk **Al cine** – To the cinema
Una película – A film **Ciencia ficción** – Science fiction **Un rato** – A while **Estaba cansado** – I was tired
Hacía mal tiempo – The weather was bad **Me acosté** – I went to bed

2. Complete the words

a. ¿**Qué** h**iciste**?
b. F**ue** muy d**iver**tido
c. P**or** ej**emplo**
d. F**ui** al centro comercial
e. M**irar** escaparates
f. Para ver una p**elícula**
g. P**asé** u**n** r**ato**
h. Busc**ando** información
i. U**sando** el m**óvil**
j. N**o** h**ice** m**ucho**
k. L**eí** u**n** l**ibro**

3. Break the flow

a. Fue bastante entretenido.
b. Fuimos a muchos sitios.
c. Fui al centro de la ciudad.
d. Una película de acción.
e. Pasé un rato usando el móvil.
f. El domingo no hice mucho.
g. Porque estaba ocupado.
h. Me acosté a las diez.
i. Escuché un poco de música.

4. Complete the sentences

a. Hiciste b. Amigos c. Deberes d. Cine e. Escuché f. Tocando g. Mucho h. Comercial i. Antes j. Bastante k. Hablé l. Información

5. Sentence puzzle

a. El fin de semana pasado fue entretenido.
b. El viernes fui al centro comercial a las ocho.
c. Y luego fuimos al cine.
d. El sábado pasé una hora estudiando español.
e. El fin de semana pasado fuimos a muchos sitios.
f. El domingo no hice nada.
g. Finalmente me acosté a eso de las once.
h. Antes de dormir leí mi libro.
i. Por ejemplo, fui al centro de la ciudad.

6. Multiple choice

a. Para dar un paseo b. El fin de semana pasado c. Antes de dormir d. Pasé f. Tocando g. Estaba ocupado h. Para mirar escaparates

7. Gapped translation

a. You do b. Friends, many c. You do, sleep d. Friday, city e. I went f. Friends, many

8. Translate into English

a. Last weekend was very entertaining.
b. On Saturday I spent an hour playing the guitar.
c. On Sunday I didn't do that much.
d. Because I was tired.
e. On Friday we went window shopping.
f. Before going to sleep I listened to a bit of music.
g. It was quite fun.
h. Finally, I read a book in my bedroom.

9. Spot and correct the spelling & grammar mistakes (in the Spanish)

a. **Fue** muy divertido
b. Mis amigos **y yo**
c. **El** viernes
d. **Al** centro de la ciudad
e. Hacía **mal** tiempo
f. Fui al centro co**me**rcial
g. **Tocando** la guitarra
h. Para **dar** un paseo
i. Hicimos **muchas** cosas
j. Hablé con **mi amigo**
k. Usando el móvil
l. El fin de semana pasad**o**

Unit 7. Talking about what I did last weekend: READING 1

1. Find the Spanish equivalent in the text

a. En un piso pequeño b. Mi hermano se llama c. Fue bastante entretenido d. Fuimos a una cafetería bonita e. A mi hermano le encantan las películas de ciencia ficción f. Volvimos a casa a las diez g. Pasé un rato h. Me quedé en casa i. Me acosté a eso de las diez y media.

2. Gapped sentences

a. Small, flat, parents, brother b. City, centre c. Action d. Loved e. While, guitar f. 8:30 g. Fruit, orange, juice h. Met up, park i. Weather, bad

3. Answer the questions below in Spanish

a. (Vivo) En un piso pequeño en Vitoria b. (Fue) Bastante entretenido c. Me encantó d. En el salón e. Con mi padre f. Leí un libro

Unit 7. Talking about what I did last weekend: READING 2

1. Find the Spanish in Cesc's text

a. Una ciudad en el noreste de España
b. Tiene ocho años
c. Son muy graciosas
d. Fuimos en coche
e. Me encanta la ropa deportiva
f. Vimos una película de acción
g. Fue muy divertida
h. En la cocina
i. Estudiando alemán en mi dormitorio
j. Para quedar con nuestros primos
k. Vi un partido de fútbol
l. Me acosté muy tarde
m. Tenía que hacer muchos deberes

2. Spot and correct the mistakes

a. Mi hermana mayor **se** llama
b. Mi familia y **yo** hicimos muchas cosas
c. Me encant**a** la ropa deportiva
d. A **mí** me encantan las películas
e. El sábado por la mañana pasé un rato
f. Fuimos a un**a** cafetería
g. Mi **hermana menor**
h. Me **acosté** muy tarde
i. Por la tarde **no hice** mucho

3. Tick or cross

b, c, e, h, I, j, l, m, o (appear in the text)

Unit 7. Talking about what I did last weekend: READING & WRITING

1. Find someone who

a. Laura b. Alma c. Lucía d. Adrián e. Sofía f. Martín g. Adrián h. Felipe i. Alma j. Pablo k. Martín l. Sofía m. Pablo

2. Complete with a suitable word

a. Cansado/ocupado b. Accept any time of day c. Accept any day d. Mucho/nada/tanto
e. Fuimos f. Cine g. Accept any room h. Accept any activity that can be done in a shopping mall
i. Accept any adjective to describe the weekend

3. Write an extension of the sentence said by each person on the left

Students' own answers.

Unit 7. Talking about what I did last weekend: WRITING

1. Complete the following sentences creatively

Students' own answers.

2. Tangled translation

a. El **sábado**, pasé **un rato** buscando **información** con mi **amigo/a** en mi **dormitorio.**
b. Finalmente **me acosté** a eso de las **diez** y media.
c. El **viernes pasé** una hora **tocando** la guitarra.
d. Usé **mi móvil** para **buscar** información.
e. **No hice** mucho porque hacía **mal tiempo.**
f. **Cuando** llegué a casa, **hice** mis **deberes.**
g. Antes de **dormir hablé con** mi **amiga**, Laura.
h. **El** fin de **semana** pasado **pasé** una hora **estudiando español**.
i. **El** domingo no hice **nada porque** tenía **muchos** deberes.

3. Translate into Spanish

a. Me acosté b. Hicimos muchas cosas c. Estaba ocupado d. Para dar un paseo
e. Bastante entretenido f. No hice mucho g. A eso de h. Y luego

4. Translate into Spanish

a. El fin de semana pasado fue muy divertido. Mis amigos y yo fuimos a muchos sitios.
b. Por ejemplo, fuimos al centro de la ciudad para dar un paseo.
c. Y después fuimos al centro comercial para mirar escaparates.
d. Finalmente fuimos al cine para ver una película nueva.
e. El sábado pasé un rato escuchando música en mi dormitorio solo/a.
f. Estaba cansado y hacía mal tiempo.

TERM 2 - BRINGING IT ALL TOGETHER - 7

1. Answer the following questions in English

a. Modern b. He has a PlayStation in it c. Eggs and apple juice d. 8:15 e. 10:40
f. Went to the city centre to go window shopping and for a walk g. Watched a football match
h. Spent a while in his room playing the guitar i. He was busy with his PlayStation j. Read his book

2. Find the Spanish equivalent in Kevin's text

a. En mi piso hay cinco habitaciones b. Prefiero pasar tiempo ahí c. Suelo desayunar tostadas
d. Entre semana e. Voy al colegio en autobús f. En mi colegio hay algunas reglas
g. No tienes que llevar uniforme h. El fin de semana pasado fue muy divertido
i. Fuimos a casa de un amigo j. (Los) Helados de frambuesa k. Tenía muchos deberes que hacer
l. Después de comer hice mis deberes m. Me acosté a eso de las once

3. Complete the translation of paragraph 5

On **Saturday morning**, I spent a while in my **bedroom** playing the **guitar**. I love **music** and I **always** fancy spending a **while** learning new songs. In the **afternoon**, I met up with my **friends** at the park at **4:00** in order to **play** football and **have** an ice cream. I like raspberry **ice creams** but **yesterday** I ate a **vanilla** and coconut one.

4. True (T), False (F) or Not Mentioned (NM)?

a. NM b. T c. F d. T e. T f. F g. F h. T i. F j. T k. T l. F m. T

5. Complete the statements

a. Very happy, tired b. Red, T-shirt, penguin c. Ate, family d. Film, watched e. Went to bed

TERM 2 - MIDPOINT RETRIEVAL - PRACTICE

1. Answer the following questions in Spanish

Students' own answers.

2. Write a paragraph in the first person singular (I) providing the following details

Students' own answers (answers below provided for reference).

a. Me llamo Sara. Tengo trece años y vivo con mis padres y mi hermano.
b. Por lo general juego al baloncesto en mi tiempo libre.
c. Este fin de semana voy a ir al centro comercial con mis amigos.
d. En mi colegio las clases empiezan a las ocho y media.
e. Después del colegio tengo que sacar al perro al parque.
f. Ayer me desperté tarde y tuve que ir al colegio a pie.
g. Después del colegio hice mis deberes de ciencias.
h. El fin de semana pasado fui al cine con mi hermano.
i. El sábado fui a casa de mi abuela y el domingo no hice mucho.
j. Antes de acostarme leí un libro.

3. Write a paragraph in the third person singular (he/she) about a friend or a family member.

Students' own answers (answers below provided for reference).

a. Mi amiga se llama Irene, tiene trece años y es de Guadalajara.
b. Por lo general, ella suele tocar el piano en su tiempo libre.
c. Después del colegio ella tiene que hacer los deberes y sacar al perro.
d. Ayer se despertó a las siete y media como siempre.
e. Después del colegio quedó con sus primas en el parque.
f. El fin de semana pasado hizo muchas cosas. El sábado fue al centro comercial con su familia para ir de compras y el domingo hizo footing en el parque.
g. Antes de dormir escuchó música en su dormitorio.

UNIT 8. Talking about a recent outing to the cinema

TRANSCRIPTS

1. Multiple choice

e.g. El fin de semana pasado vi una película de acción.
a. Ayer fui al cine con mis amigos.
b. El fin de semana pasado fui al cine con mi novia.
c. La historia trataba de la amistad entre un niño y su mascota.
d. Durante la película comí palomitas.
e. Lo que más me gustó fue la trama.
f. Además, me gustaron los efectos especiales.
g. En mi opinión la actuación de Álvaro Morte fue inolvidable.

2. Complete the words

a. Fui al cine b. Para ver c. Una película d. De animación e. De amor f. La entrada
g. El acoso h. Espionaje i. Palomitas j. La banda sonora k. Inolvidable

3. Fill in the blanks

a. El fin de semana pasado fui al cine.
b. Fui con mi mejor amigo Carlos.
c. Fuimos para ver una película de acción.
d. La entrada costó diez euros.
e. La historia trataba de...
f. ...una batalla entre el bien y el mal.
g. Durante la película comí palomitas.

4. Spot the intruders

a. La amistad entre un niño y su mascota.
b. La entrada costó cinco euros.
c. La historia trataba de una relación de amor.
d. Comí caramelos y bebí Coca-Cola.
e. Lo que más me gustó fue el actor principal.
f. Me gustaron las escenas de lucha.
g. La actuación de Ivana Baquero fue inolvidable.

5. Dictation

a. El fin de semana pasado fui al cine con mi mejor amigo.
b. Fuimos para ver una película de horror. ¡Qué miedo!
c. Quedamos delante del cine a las siete y media.
d. La entrada costó ocho euros. ¡No está mal!
e. La historia trataba del tema del racismo.
f. Durante la película comí un perrito caliente.
g. Lo que más me gustó fue como termina la historia.
h. La actuación del actor principal fue realmente conmovedora.

6. Complete the table in English

a. Hola, me llamo Jaime. El fin de semana pasado fui al cine con mis amigos para ver una película de ciencia ficción. La entrada costó cinco euros. Lo que más me gustó fue el actor principal.

b. Hola, me llamo Ana. El fin de semana pasado fui al cine con mis hermanas para ver una película de guerra. La entrada costó ocho euros. Lo que más me gustó fue como termina la historia.

c. Hola, soy Paloma. El fin de semana pasado fui al cine con mi novio para ver una película de terror. La entrada costó diez euros. Lo que más me gustó fueron los efectos especiales.

7. Narrow listening

Part 1 – Hola, me llamo Leonardo. El fin de semana pasado fui al cine con mi novia para ver una película de animación. Quedamos enfrente del cine. La entrada costó doce euros, ¡qué caro! La historia trataba de superhéroes que salvan el mundo. La película fue muy divertida.

Part 2 – Durante la película comí palomitas, pero mi novia comió un perrito caliente. Bebimos limonada. Lo que más me gustó fue como termina la historia. También me gustaron las escenas de lucha y los efectos especiales. Sin embargo, los diálogos no fueron muy originales. La actuación de la actriz principal fue muy impactante e inolvidable.

8. Listen to Ariella and answer the questions in English

Hola, me llamo Ariella y tengo quince años. El viernes pasado fui al cine con mi mejor amiga para ver una película de aventuras. Quedamos enfrente del cine. La entrada costó cinco euros. La historia trataba de una batalla entre el bien y el mal. La película fue muy divertida. Durante la película comí caramelos, pero mi amiga comió palomitas. Bebimos Coca-Cola. Lo que más me gustó fue la banda sonora. Sin embargo, no me gustaron los efectos especiales. La actuación del actor principal fue muy impactante y conmovedora.

ANSWERS

Unit 8. Talking about a recent outing to the cinema: LISTENING

1. Multiple choice

a. Yesterday b. My girlfriend c. Friendship d. Popcorn e. The plot f. Special effects g. Unforgettable

2. Complete the words

a. F**ui** al c**ine** b. P**ara** v**er** c. Una p**elícula** d. De a**nimación** e. D**e** a**mor** f. L**a** e**ntrada** g. E**l** a**coso** h. E**spionaje** i. P**alomitas** j. La banda s**onora** k. I**nolvidable**

3. Fill in the blanks

a. El fin de **semana pasado** fui al cine.
b. Fui con mi **mejor amigo** Carlos.
c. Fuimos para ver una película de **acción**.
d. La entrada **costó** diez euros.
e. La historia **trataba de**...
f. ...una **batalla** entre **el bien** y el mal.
g. Durante la película **comí palomitas**.

4. Spot the intruders

a. La amistad entre un ~~**una**~~ niño y su mascota.
b. La entrada ~~**costaron**~~ costó cinco euros.
c. La historia ~~**se**~~ trataba de una relación de amor.
d. Comí ~~**de**~~ caramelos y bebí Coca-Cola.
e. Lo que más me gustó fue ~~**la**~~ el actor principal.
f. Me gustaron las escenas de ~~**mucha**~~ lucha.
g. La actuación de ~~**y**~~ Ivana Baquero fue inolvidable.

5. Dictation

a. E**l** f**in** d**e** s**emana** p**asado** f**ui** a**l** c**ine** c**on** m**i** m**ejor** a**migo**.
b. F**uimos** p**ara** v**er** u**na** p**elícula** d**e** h**orror**. ¡Qué miedo! *(How scary!)*
c. Q**uedamos** d**elante** d**el** c**ine** a l**as** s**iete** y m**edia**.
d. L**a** e**ntrada** c**ostó** o**cho** e**uros**. ¡No está mal!
e. L**a** h**istoria** t**rataba** d**el** t**ema** d**el** r**acismo**.
f. D**urante** la p**elícula** c**omí** u**n** p**errito** c**aliente**.
g. L**o** q**ue** m**ás** m**e** g**ustó** f**ue** c**omo** t**ermina** l**a** h**istoria**.
h. L**a** a**ctuación** d**el** a**ctor** p**rincipal** f**ue** realmente c**onmovedora**.

6. Complete the table in English

a. Friends / Science fiction / Five euros / The main actor
b. Sisters / War / Eight euros / How the story ends
c. Boyfriend / Horror / Ten euros / The special effects

7. Narrow listening

Part 1 – Hi, my **name** is Leonardo. Last **weekend** I went to the **cinema** with my **girlfriend** to see an **animated** movie. We met up **opposite** the cinema. The **ticket** cost **12** euros, how **expensive**! The **story** was about **superheroes** who **save** the **world**. The film was very **fun**.

Part 2 – During the film, I ate **popcorn** but my **girlfriend** ate a **hot-dog**. We **drank** lemonade. What I **liked** the **most** was how the **story** ends. I also liked the **fight scenes** and the **special effects**. However, the **dialogues** were not very original. The acting by the **main actress** was really **impactful** and **unforgettable**.

8. Listen to Ariella and answer the questions in English

a. 15 b. Last Friday c. Her best friend d. An adventure film e. Opposite the cinema
f. A battle between good and evil g. Sweets, Coca-Cola h. Popcorn i. The soundtrack
j. Impactful and moving

Unit 8. Talking about a recent outing to the cinema: VOCAB BUILDING

1. Match

Fui al cine – I went to the cinema **La historia –** The story **La trama –** The plot **La entrada –** The ticket
La banda sonora – The soundtrack **De guerra –** War **Trataba –** (It) was about
Un perrito caliente – A hot dog **Durante la película –** During the film
La actriz principal – The main actress **Enfrente del cine –** Opposite the cinema
Fue conmovedora – It was moving **Con mi novio –** With my boyfriend

2. Complete the chunks

a. Con mi novio b. Ciencia ficción c. De animación d. Fue inolvidable e. La actuación f. La historia
g. La trama h. Su mascota i. Fue impactante j. Los diálogos k. Perrito caliente

3. Break the flow

a. Ayer fui al cine con mis amigos.
b. La entrada costó cinco euros.
c. Durante la película comí caramelos.
d. Trataba del tema del racismo.
e. Quedamos enfrente del cine.
f. Comí palomitas y bebí limonada.
g. Lo que más me gustó fue la trama.
h. Para ver una película de amor.
i. El fin de semana pasado fui al cine.

4. Complete with the missing words in the table below

a. Viste b. Gustó c. Fue d. Diálogos e. Actuación f. Perrito g. Aventuras h. Enfrente i. Última
j. Racismo k. Trataba l. Bebí (words with no match: española / fiesta / palomitas)

5. Spot and correct the nonsense sentences

a. La historia trataba de (**accept any genre)**
b. Correct
c. Correct
d. La película trataba de **superhéroes** que salvaban el mundo.
e. Correct
f. **Accept comí / any drink**
g. **Amigos/as**

6. Sentence puzzle

a. La historia trataba de una relación de amor.
b. Fui al cine para ver una película de animación.
c. Lo que más me gustó fue como termina la historia.
d. La historia trataba de una batalla entre el bien y el mal.
e. La actuación de Alba Flores fue conmovedora.
f. Lo que más me gustó fueron las escenas de lucha.
g. La historia trataba de superhéroes que salvan el mundo.
h. Para ver una película de acción.

7. Gapped translation

a. Last weekend, **I went** to the cinema. b. To **watch** a **science fiction** film.
c. During the film, I ate **sweets**. d. What I liked the **most** was the **soundtrack**.
e. The film was about a **spy** story. f. **When** was the last time that **you went** to the cinema?
g. **We met up** opposite the cinema. h. **What** I liked the **most** were the dialogues.
i. On **Saturday,** I went to the cinema with my **boyfriend**. j. **Last weekend,** I drank Coca-Cola.
k. The **plot** was impactful.

8. Translate into English

a. Last weekend, I went to the cinema with my girlfriend.
b. The ticket cost five euros.
c. We met up opposite the cinema.
d. During the film I ate a hot dog.
e. What film did you see?
f. The story was about the friendship between a boy and his pet.
g. What I liked the most was the main actor.
h. I ate popcorn and I drank Coca Cola.
i. The story was about a battle between good and evil.
j. The acting by Alba Flores was moving.

9. Spot and correct the spelling & grammar mistakes (in the Spanish)

a. Fui **al** cine b. Para ver un**a** película c. ¿Te gust**ó**? d. Costó ci**nco** euros
e. ¿**Por qué**? f. De a~~d~~venturas g. Me gustó la actri**z** h. Su mascot**a**
i. **Fue** inolvidable j. El fin de~~l~~ semana k. **En**frente del cine l. Los efectos **e**speciales

Unit 8. Talking about a recent outing to the cinema: READING 1

1. Find the Spanish equivalent in the text

a. Un barrio muy pequeño b. Con mis amigos c. Una película de guerra nueva
d. No le gustan nada las películas de terror e. Está al lado del centro comercial
f. Mis amigos comieron g. Lo que más me gustó h. Fue impactante e inolvidable
i. Me acosté a eso de las once

2. Gapped sentences

a. 1:30 b. Joaquín, horror c. Opposite, park d. Sweets, Coca-Cola e. Popcorn f. Soundtrack
g. How the story ends h. Special effects, dialogues i. Read, book, listened

3. Answer the questions below in Spanish

a. Una película de guerra b. 60 pesos (3 euros) c. Enfrente del parque
d. De una historia de espionaje, de una relación de amor e. Sí f. Pollo asado y tacos

Unit 8. Talking about a recent outing to the cinema: READING 2

1. Find the Spanish in Jaume's text

a. En un edificio antiguo b. Fue muy divertido c. Con mi novia d. Quedamos enfrente de mi casa
e. El viaje fue bastante corto f. Comimos palomitas g. Pero yo bebí agua
h. No me gustó como terminó la película i. Lo que más me gustó j. No le gustaron los diálogos
k. Fuimos al centro comercial l. Pasé un rato jugando a la Play m. A eso de las once y media

2. Spot and correct the mistakes

a. **Tengo** dieciséis años
b. Por la noche fu**i** al cine con mi novia
c. Ver **películas de amor**
d. Quedamos enfrente **de** mi casa
e. No **me** gustó mucho la película
f. Lo que más me gustó fue **la** actriz/el **actor**
g. Fue conmovedora **e** impactante
h. No le gust**aron** los di**á**logos
i. Mi **sabor favorito** es

3. Tick or cross

a, c, e, f, i, j, k, l, n (appear in the text)

Unit 8. Talking about a recent outing to the cinema: READING & WRITING

1. Find someone who

a. Enrique b. Pau c. Claudia d. Alba e. Jimena f. Rafa g. Ignacio h. Alba i. Sara j. Jimena
k. Pau l. Rafa m. Ignacio

2. Complete with a suitable word

a. Cine, any person
b. Any film genre
c. Any time of day
d. Any currency
e. Comí/comimos
f. Any preposition
g. Any singular film vocabulary
h. Any film genre
i. Any adjective to describe acting

3. Write an extension of the sentence said by each person on the left

Students' own answers.

Unit 8. Talking about a recent outing to the cinema: WRITING

1. Complete the following sentences creatively

Students' own answers.

2. Tangled translation

a. El **fin de semana** pasado fui al **cine** con mis **amigos.**
b. Fuimos **para** ver una película de **amor.**
c. **Quedamos** delante del **centro comercial** antes de la **película.**
d. La **entrada** costó **siete** euros. ¡No está **mal**!
e. **Durante la** película comí **palomitas** y caramelos y **bebí limonada**.
f. Lo que más **me gustó** fue la **banda sonora** y como **termina** la historia.
g. **También** me gustaron los **diálogos** y las **escenas** de **acción.**
h. La **actuación** de Álvaro Morte fue **impactante** e **inolvidable**.

3. Complete the sentences and then translate

a. **Fui con** mi m**ejor** a**migo.**
b. L**a entrada costó** d**iez/**d**oce** e**uros.**
c. Q**uedamos enfrente** d**el cine.**
d. L**a** his**toria trataba** d**e** la a**mistad.**
e. **Comí palomitas** y b**ebí limonada.**
f. Lo q**ue** m**ás** m**e gustó** f**ue la trama.**

4. Translate into Spanish

a. El fin de semana pasado fui al cine con mi novia.
b. Quedamos enfrente del cine a las ocho en punto y la entrada costó seis euros. ¡No está mal!
c. La historia trataba de unos superhéroes que salvaban el mundo.
d. La historia trataba de la amistad entre un niño y su mascota.
e. Lo que más me gustó fue la trama porque era (also accept fue) muy interesante.
f. La actuación de Tom Holland fue muy conmovedora. Es mi actor favorito.

TERM 2 – BRINGING IT ALL TOGETHER – 8

1. Answer the following questions in English

a. In the city centre
b. Six rooms and four bathrooms
c. Two or three times a week
d. Take the dog out
e. At the park
f. Science fiction
g. He doesn't like them
h. Popcorn
i. On his street
j. Read his book

2. Find the Spanish equivalent in Ignacio's text

a. La orilla africana
b. Cerca de mi casa están
c. Porque me encanta leer
d. Superhéroes que salvan el mundo
e. Quedamos a las seis y media
f. Cuando llegamos
g. No quería quedar mal
h. Es bastante barato
i. Luchando contra un demonio
j. Casi salí de la sala
k. Fuimos a comer comida rápida
l. Volvimos todos juntos
m. Me gustó leer mucho más que...

3. Complete the translation of paragraph 5

Although I was very scared, I **liked** the **film**. What I liked the **most** was the **main actress** because her **acting** was very **impactful** and **unforgettable**. I also liked the **special effects** because the **demon** looked real. I **didn't like** the **soundtrack because** it was very scary.

4. True (T), False (F) or Not Mentioned (NM)?

a. T b. T c. F d. NM e. T f. F g. F h. T i. F j. T k. F l. T m. T

5. Complete the statements

a. Battle, aliens b. A love story c. Lemonade d. Biel, popcorn e. Fabio, hot dog

UNIT 9. Talking about a birthday party we went to

TRANSCRIPTS

1. Multiple choice

e.g. Mi amigo hizo la fiesta en un restaurante.
a. El fin de semana pasado fue la fiesta de cumpleaños de mi amiga.
b. Mi amigo hizo la fiesta en un centro comercial.
c. Había mucha comida y bebida. Comí comida rápida y bebí limonada.
d. Nos divertimos bailando y jugando a juegos. e. Le di un regalo barato a mi amigo.
f. Le compré una pulsera y le gustó mucho. g. La fiesta fue la leche y me lo pasé genial.

2. Complete the words

a. Regalaste b. Cumpleaños c. Hizo la fiesta d. Comida rápida e. Refrescos f. Nos divertimos
g. Chistes h. Le compré i. Un reloj j. Un collar

3. Fill in the blanks

a. Fue la fiesta de cumpleaños de mi mejor amigo.
b. ¿Dónde fue la fiesta?
c. Mi amigo hizo la fiesta en un parque de atracciones.
d. Había mucha comida. Comí pastel y pizza.
e. Había mucha bebida. Bebimos Coca-Cola.
f. Nos divertimos cantando karaoke y bailando.
g. Le compré una tarjeta de regalo y le gustó mucho.

4. Spot the intruder

El fin de semana pasado fue la fiesta de cumpleaños de mi amiga. Mi amiga hizo la fiesta en su casa. Había mucha comida y bebida. Comí pizza y patatas fritas y bebí zumo de naranja. Pasamos una hora jugando a juegos. Le di un regalo chulo a mi amiga. Le regalé una camiseta y le gustó mucho. La fiesta fue la leche. Me lo pasé genial.

5. Faulty translation

e.g. Le di un regalo chulo a mi amigo.
a. Mi amigo hizo la fiesta en su casa.
b. Había mucha comida. Comí pastel y pizza.
c. Le di un regalo original a mi amiga.
d. Nos divertimos viendo una película y bailando.
e. Pasamos una hora escuchando música y bailando.
f. Le compré un reloj y le gustó mucho.
g. Había mucha bebida. Bebimos zumo de naranja.
h. Mi amigo hizo la fiesta en un centro comercial.

6. Complete the table in English

a. Buenos días, soy Aída y tengo trece años. El fin de semana pasado fue la fiesta de cumpleaños de mi primo. Mi primo hizo la fiesta en un parque de atracciones. Había mucha comida y bebida. Comí pizza y bebí limonada. Nos divertimos contando chistes y jugando a juegos. Le di un regalo chulo a mi amigo. Le compré un collar y le gustó mucho. La fiesta fue muy divertida y me lo pasé genial.

b. Hola, soy Rubén y soy de Cantabria. El fin de semana pasado fue la fiesta de mi amiga. Mi amiga hizo la fiesta en un restaurante. Había mucha comida y bebida. Comimos patatas fritas y pastel y bebimos Coca-Cola. Nos divertimos escuchando música y cantando karaoke. Le di un regalo original a mi amiga. Le regalé una pulsera y le gustó mucho. La fiesta fue la leche y me lo pasé genial.

c. ¿Qué tal? Me llamo Miguel y el fin de semana pasado fue la fiesta de cumpleaños de mi hermano. Mi hermano hizo la fiesta en un centro comercial. No había mucha comida ni bebida, pero comí caramelos y bebí zumo de naranja. Pasamos dos horas viendo una película y un buen rato contando chistes. Le di un regalo barato a mi hermano. Le compré una camiseta y le gustó mucho. La fiesta fue muy divertida y me lo pasé genial.

7. Narrow listening

Hola, soy Elena y soy de Salamanca. El fin de semana pasado fue la fiesta de cumpleaños de mi amigo. Mi amigo hizo la fiesta en su casa. Había mucha comida y bebida. Comí pasta y pastel y bebí zumo de naranja. Nos divertimos jugando a juegos y pasamos una hora escuchando música y bailando. Le di un regalo chulo a mi amigo. Le regalé un reloj y le gustó mucho. La fiesta fue la leche. Me lo pasé muy bien.

8. Listen to Ana and answer the questions in English

Buenos días, soy Ana y soy española, pero ahora vivo en Inglaterra. Tengo quince años. El fin de semana pasado fue la fiesta de cumpleaños de mi mejor amigo, Alejandro. Alejandro hizo la fiesta en un parque de atracciones. Había mucha comida y bebida. Yo comí comida rápida y bebí Coca-Cola. Nos divertimos contando chistes y escuchando música. Le di un regalo no muy original pero muy caro a mi amigo. Le regalé una camiseta de fútbol de su equipo favorito y le gustó mucho. La fiesta fue muy divertida y me lo pasé genial.

ANSWERS

Unit 9. Talking about a birthday party we went to: LISTENING

1. Multiple choice

a. Amigo b. Casa c. Mucho d. Contando e. Chulo f. Me g. Divertida

2. Complete the words

a. R**egalaste** b. C**umpleaños** c. H**izo** la fiesta d. Comida r**ápida** e. R**efrescos**
f. Nos div**ertimos** g. C**histes** h. L**e** c**ompré** i. U**n** r**eloj** j. U**n** c**ollar**

3. Fill in the blanks

a. Fue la **fiesta** de **cumpleaños** de mi mejor amigo.
b. ¿Dónde **fue** la **fiesta**?
c. Mi amigo hizo **la** fiesta en un parque de **atracciones**.
d. **Había** mucha comida. **Comí** pastel y pizza.
e. Había **mucha** bebida. **Bebimos** Coca-Cola.
f. Nos **divertimos** cantando karaoke y **bailando**.
g. Le **compré** una **tarjeta** de regalo y le gustó mucho.

4. Spot the intruder

El fin de ~~**su**~~ semana pasado fue ~~**el**~~ la fiesta de cumpleaños ~~**dos**~~ de mi amiga. Mi amiga ~~**han**~~ hizo la fiesta en su casa. Había mucha ~~**de**~~ comida y ~~**la**~~ bebida. Comí pizza y ~~**muchas**~~ patatas fritas y bebí ~~**un**~~ zumo de naranja. Pasamos ~~**todos**~~ una hora jugando a ~~**los**~~ juegos. Le di un ~~**gran**~~ regalo chulo a mi ~~**mejor**~~ amiga. Le regalé una camiseta y ~~**no**~~ le gustó mucho. La fiesta fue la leche ~~**azul**~~. Me lo pasé genial.

5. Faulty translation

a. My friend had the party **at his house**.
b. There was lots of food. **I ate** cake and pizza.
c. I gave an original gift **to my friend**.
d. We had fun **watching a film** and dancing.
e. **We spent an hour** listening to music and dancing.
f. I bought him **a watch** and he liked it a lot.
g. There was lots of drink. We drank **orange juice**.
h. **My friend** had the party at a shopping mall.

6. Complete the table in English

a. A theme park / Pizza, lemonade / Telling jokes, playing games / A necklace
b. A restaurant / Chips, cake, Coca-Cola / Listening to music, singing karaoke / A bracelet
c. A shopping mall / Sweets, orange juice / Watching a film, telling jokes / A T-shirt

7. Narrow listening

Hello, I am Elena and **I am from** Salamanca. Last **weekend**, it was the **birthday** party of my **friend**. My friend had the party at his **house**. There was lots of **food** and **drink**. I ate **pasta** and **cake** and I drank **orange juice**. We had fun **playing games** and **we** spent **an hour** listening to music and **dancing**. I gave a **cool** gift to my friend. I gifted a **watch** and he liked it a lot. The party was **awesome**. I had a great time.

8. Listen to Ana and answer the questions in English

a. In England b. 15 c. Went to her best friend's birthday party d. At a theme park e. Yes
f. Fast food. g. Coca-Cola h. Telling jokes, listening to music i. Not very original, but very expensive
j. A football shirt from the best friend's favourite team

Unit 9. Talking about a birthday party we went to: VOCAB BUILDING

1. Match

La fiesta – The party
Cumpleaños – Birthday
Nos divertimos – We had fun
Un reloj – A watch
Caro – Expensive
Un regalo – A gift
Refrescos – Soft drinks
Barato – Cheap
Pastel – Cake
Comida rápida – Fast food
Contando chistes – Telling jokes
Chulo – Cool
Una pulsera – A bracelet

2. Complete the chunks

a. H**izo** la f**iesta** b. C**umpleaños** c. P**atatas** f**ritas** d. Un c**ollar** e. La l**eche**
f. M**uy** d**ivertido** g. M**ucha comida** h. F**in de** s**emana** i. Le r**egalé** j. Le c**ompré**
k. A mi a**migo**

3. Break the flow

a. Mi amigo hizo la fiesta en un centro comercial.
b. Nos divertimos cantando karaoke y bailando.
c. Pasamos una hora cantando karaoke.
d. Le di un regalo muy chulo a mi amigo.
e. Le compré una tarjeta de regalo.
f. Le regalé un reloj y le gustó mucho.
g. La fiesta fue la leche.
h. ¿Dónde fue la fiesta de tu amigo?
i. ¿Qué hiciste durante la fiesta?

4. Categorise as food, object or place

Un collar – O
Una camisa – O
Una tarjeta – O
Un pastel – F
Una pulsera – O
Un regalo – O
Un refresco – F
Una pizza – F
Una casa – P
Un caramelo – F
Un parque – P
Un zumo – F

5. Spot and correct the nonsense sentences

a. **Mi amigo hizo la fiesta** en su casa. b. La fiesta **fue** la leche. c. Correct. d. Le compré un **regalo**.
e. Correct. f. Nos divertimos **contando** chistes. g. Correct. h. Pasamos una hora **viendo** una película.

6. Complete with the missing words below

a. ¿Dónde **fue** la fiesta?
b. Mi amigo **hizo** la fiesta en su casa.
c. Nos divertimos **jugando** a juegos
d. **Pasamos** dos horas viendo una película.
e. Le compré una camiseta muy **original**.
f. En un restaurante comimos **comida** rápida.
g. Me lo pasé **genial**.
h. Ayer fue la **fiesta** de mi amigo.

7. Sentence puzzle

a. Pasamos una hora viendo una película nueva.
b. Había mucha comida y bebida en la fiesta.
c. Mi amigo hizo la fiesta en un parque de atracciones.
d. Pasamos dos horas jugando a juegos.
e. Comimos pastel y bebimos refrescos.
f. Nos divertimos contando chistes
g. Le di un regalo original a mi amigo.
h. Fue la fiesta de mi amigo.
i. ¿Qué le regalaste a tu amiga?

8. Gapped translation

a. What did you **give** your **friend**?
b. My **friend** had the **party** in a restaurant.
c. It was the **birthday** party of my friend.
d. I ate **fast food** and **French fries**.
e. We drank **soft drinks** like Coca-Cola and lemonade.
f. There was a lot of **food** and **drink**.
g. **Last** Saturday was the birthday **party**.
h. My friend **had** the party at their house.
i. I gave an **expensive gift** to my friend.
j. And he/she **liked** the gift **a lot**.

9. Translate into English

a. My friend had the party in a shopping mall.
b. We had fun telling jokes.
c. I had a great time with my friends.
d. I gave him a very cool t-shirt.
e. We spent two hours singing karaoke.
f. We drank soft drinks and I ate cake.
g. During the party we had fun.
h. The party was at a theme park.

10. Spot and correct the spelling & grammar mistakes

a. **Hizo** la fiesta
b. Un **centro** comercial
c. **Nosotros** bebimos
d. Fue la leche**s**
e. **Z**umo de naranja
f. Me lo pas**é** genial
g. ¿Dónde fu**e** la fiesta?
h. **Mucha** comida y bebida
i. Pasamos dos hora**s**
j. Un parque de atracci**ones**
k. Un regalo**s**
l. Una pulsera chul**a**

Unit 9. Talking about a birthday party we went to: READING 1

1. Find the Spanish equivalent in the text

a. Está en el noroeste
b. En mi barrio hay
c. Es muy acogedor
d. Cumplió quince años
e. El viaje fue muy divertido
f. Pagamos las entradas
g. Había mucha comida
h. Le di un regalo muy chulo
i. Su tienda favorita

2. Gapped sentences

a. Sports centre
b. Every day, friends
c. Birthday, theme park
d. Listened, music, told jokes
e. 35
f. Fast food, a waffle
g. Very cool, quite expensive
h. Awesome

3. Answer the questions below in Spanish

a. Fue a la fiesta de cumpleaños de su amigo
b. De su amigo Benjamín
c. En un parque de atracciones
d. Mucha bebida, Coca-Cola
e. Una camiseta de marca, una tarjeta de regalo
f. No hizo nada

Unit 9. Talking about a birthday party we went to: READING 2

1. Find the Spanish in Fátima's text

a. En el sur de
b. Pero el edificio es bastante antiguo
c. La gente es muy simpática
d. Me gusta quedar con mis amigos
e. Invitamos a toda nuestra familia
f. Comí mucha pizza
g. Mi hermano bebió zumo de naranja
h. Es su bebida favorita
i. Canté la canción
j. Pasamos una hora jugando a juegos
k. Le compré un collar
l. También recibió
m. La fiesta fue muy divertida

2. Spot and correct the mistakes

a. Vivo en un piso en **el centro de la ciudad**
b. Hay una **tienda de música**
c. Me gusta qued**ar** con mis amigos
d. **Fue** (or 'Fueron **a'**) la fiesta de cumpleaños
e. También est**aban** los amigos de mi hermano
f. Comí much**a** pizza
g. **No había** Coca-Cola
h. **Lo** pasé genial
i. **Le** compré un collar

3. Tick or cross

a, b, c, f, h, I, j, k, l, o (appear in the text)

Unit 9. Talking about a birthday party we went to: READING & WRITING

1. Find someone who

a. Inés b. Clara c. Guillermo d. Leonardo e. Yasmín f. Inés
g. Alberto h. Ángela i. Ismael j. Inés k. Clara l. Yasmín

2. Complete with a suitable word

a. Past tense time phrase, any person b. Comida/bebida, any food item c. Any location
d. Any adjective to describe a gift e. Any activity f. Any feminine gift
g. Any adjective to describe a party

3. Write an extension of the sentence said by each person on the left

Students' own answers.

Unit 9. Talking about a birthday party we went to: WRITING

1. Complete the following sentences creatively

Students own answers.

2. Tangled translation

a. El **viernes** pasado **fue** la fiesta de cumpleaños **de mi hermana mayor**.
b. Mi **primo/a hizo** la fiesta en un **parque de atracciones**.
c. **Bebí** muchos **refrescos** y comí **comida rápida.**
d. **Durante** la fiesta **nos divertimos** y a mi amigo **le gustó mucho**.
e. En **la fiesta** había mucha **comida y bebida**.
f. **Le dí** un regalo **chulo** a mi amigo.
g. Nos divertimos **contando chistes** y **cantando karaoke.**
h. El **fin de semana pasado comimos en** un restaurante.

3. Translate into Spanish

a. El sábado pasado fue la fiesta de cumpleaños de mi abuela.
b. Había mucha comida, pero no comí pizza.
c. Mi abuela hizo su fiesta en el centro comercial.
d. La fiesta fue la leche y lo pasé genial.
e. El año pasado hizo su fiesta en el karaoke.

4. Translate into Spanish

a. La s**emana** p**asada** fue la f**iesta** de c**umpleaños** de mi herman**o** men**or**.
b. Le di un r**egalo** o**riginal** a mi a**miga**. Le c**ompré** un c**ollar** y le e**ncantó**.
c. La f**iesta fue** muy d**ivertida** y p**asamos** h**oras** c**antando** y b**ailando**.
d. F**ue** el c**umpleaños** de mi m**adre**. L**e** r**egalé** u**na** p**ulsera** b**onita**.
e. D**urante** la f**iesta** nos diver**timos** con**tando** c**histes** y can**tando** karao**ke**.

TERM 2 - BRINGING IT ALL TOGETHER - 9

1. Answer the following questions in English

a. Her father, her older brother and her younger sister
b. Isabela
c. An action film
d. The special effects
e. 13
f. At Isabela's mother's house
g. Her maths homework
h. A friendship bracelet and a Taylor Swift T-shirt
i. Very tired
j. Watched a series on Netflix

2. Find the Spanish equivalent in Ximena's text

a. En un barrio pequeño en las afueras
b. Vive en mi calle
c. La entrada solo costó
d. También compré unas palomitas
e. Normalmente su madre hace las fiestas
f. Fui a la fiesta a pie
g. La fiesta empezó a la una y media
h. A la madre de Isabela no le gusta la comida rápida
i. Le compré una pulsera de amistad
j. Su madre le compró un reloj
k. La fiesta fue muy divertida
l. Cuando acabó
m. Subí a mi dormitorio

3. Complete the translation of paragraph 5

At the **party**, there was lots of **food** and **drink**. Isabela's mother doesn't like **fast food** but there was pizza, **French fries/chips** and **hot dogs**. There was everything to **drink**: Coca-Cola, **lemonade**, **juice** and **water**. **During** the party, we had fun **telling jokes** and **playing games**. We also spent **one** hour **singing** karaoke and **dancing**.

4. True (T), False (F) or Not Mentioned (NM)?

a. T b. T c. F d. T e. T f. F g. T h. F i. F j. T k. T l. NM m. T

5. Complete the statements

a. Marisol, many b. After, for a walk c. Marisol, Lorena d. Marisol, Aitana
e. Aitana, party, fell asleep

UNIT 10. Making plans for next weekend

TRANSCRIPTS

1. Fill in the blanks

a. El fin de semana que viene me gustaría ir de pesca.
b. El sábado por la mañana me gustaría jugar a la Play.
c. Luego, el domingo voy a leer un libro.
d. Sin embargo, también me gustaría tocar el piano.
e. Me gustaría pasar un rato entrenando en el gimnasio.
f. Pienso que será muy divertido.
g. El fin de semana que viene me gustaría quedar con mis amigos.
h. El sábado por la tarde me gustaría salir con mis amigos.

2. Dictation

a. El fin de semana
b. Que viene
c. Me gustaría
d. Quedar con
e. Por la mañana
f. Tocar el piano
g. Jugar a videojuegos
h. Sacar al perro
i. Si tengo tiempo
j. Pienso que será

3. Break the flow

a. ¿Qué vas a hacer?
b. El fin de semana que viene me gustaría hacer muchas cosas.
c. El sábado por la tarde me gustaría jugar a la Play.
d. Luego, el domingo voy a escuchar música.
e. Sin embargo, también tengo que ayudar en casa.
f. Si tengo tiempo me gustaría tocar el piano.
g. Pienso que será muy divertido.
h. Me gustaría pasar una hora entrenando en el gimnasio.

4. Spot the differences

El fin de semana que viene me gustaría ir al cine con mis amigas. El sábado por la mañana me gustaría tocar el piano. Luego, el domingo voy a meterme en internet para hacer los deberes. Sin embargo, también tengo que sacar al perro. Si tengo tiempo me gustaría pasar una hora tocando la guitarra. Pienso que será relajante.

5. Complete the translations

a. El fin de semana que viene me gustaría pasar tiempo con mi familia.
b. El sábado por la tarde me gustaría salir con mis amigos.
c. Luego, el domingo voy a mirar mi Instagram.
d. Sin embargo, también tengo que hacer los deberes de matemáticas.
e. Si tengo tiempo me gustaría pasar un rato charlando con mi amiga.
f. Pienso que será muy divertido y bastante relajante.
g. ¿Qué planes tienes para el fin de semana que viene?
h. El fin de semana que viene me gustaría ir de compras con mi madre.

6. Faulty translation

e.g. Luego, el domingo voy a hablar con mis amigos.
a. ¿Qué planes tienes para el fin de semana que viene?
b. El fin de semana que viene me gustaría ir al centro comercial con mi familia.
c. El sábado por la mañana me gustaría salir con mis amigos.
d. Si tengo tiempo me gustaría pasar una hora tocando la guitarra.
e. Luego, el domingo voy a jugar a videojuegos con mi hermano.
f. Sin embargo, también tengo que hacer los deberes de español.
g. Pienso que será muy entretenido.

7. Listening slalom

a. El fin de semana que viene me gustaría ir de pesca con mi familia al lago.
b. El sábado por la tarde me gustaría salir con mis amigos a las cuatro.
c. Luego, el domingo voy a escuchar música en mi dormitorio a las ocho.
d. Sin embargo, también tengo que estudiar para un examen de español a la una.
e. Si tengo tiempo voy a pasar una hora tocando la guitarra a las tres.

8. Listen to Ignacio and answer the questions in English

Hola, buenos días. Me llamo Ignacio y tengo catorce años. El fin de semana que viene me gustaría hacer muchas cosas. El sábado por la mañana me gustaría ir de pesca con mi padre. Por la tarde me gustaría jugar a la Play en mi dormitorio. Luego, el domingo por la mañana voy a leer un libro. Sin embargo, por la mañana voy a tocar el piano y por la tarde tengo que estudiar para un examen de ciencias. Si tengo tiempo me gustaría pasar una hora entrenando en el gimnasio. Si no tengo tiempo voy a entrenar el lunes por la mañana. Pienso que será divertido.

ANSWERS

Unit 10. Making plans for next weekend: LISTENING

1. Fill in the blanks

a. Viene b. Jugar c. Domingo, leer d. Piano e. Gimnasio f. Será, divertido g. Quedar h. Tarde

2. Dictation

a. **El fin** d**e semana** b. Q**ue viene** c. M**e gustaría** d. Q**uedar con** e. P**or la** m**añana**
f. T**ocar el piano** g. Jug**ar** a vi**deojuegos** h. S**acar** al p**erro** i. **Si** t**engo tiempo**
j. P**ienso** que **será**

3. Break the flow

a. ¿Qué vas a hacer?
b. El fin de semana que viene me gustaría hacer muchas cosas.
c. El sábado por la tarde me gustaría jugar a la Play.
d. Luego, el domingo voy a escuchar música.
e. Sin embargo, también tengo que ayudar en casa.
f. Si tengo tiempo me gustaría tocar el piano.
g. Pienso que será muy divertido.
h. Me gustaría pasar una hora entrenando en el gimnasio.

4. Spot the differences

El fin de semana **que viene** me gustaría ir **al cine** con mis **amigas**. El sábado por la **mañana** me gustaría tocar **el piano**. Luego, **el domingo** voy a meterme en **internet** para hacer los deberes. Sin embargo, también tengo que sacar al **perro**. Si tengo tiempo me gustaría pasar **una hora** tocando la **guitarra**. Pienso que **será** relajante.

5. Complete the translations

a. Next **weekend**, I would like to **spend time** with my **family**.
b. On **Saturday** afternoon, I would like to **go out** with **my friends**.
c. **Later**, on **Sunday**, I am going to **look** at my Insta.
d. **However**, I **also** have to do my **maths** homework.
e. If I have **time**, I would like to **spend** a while **chatting** to my **friend**.
f. I **think** that it will be **very** fun and quite **relaxing**.
g. What **plans** do **you** have for next **weekend**?
h. **Next** weekend, I **would** like to go **shopping** with my **mum**.

6. Faulty translation

a. What plans do you have for next **weekend**?
b. Next weekend, I would like to go to the shopping mall with my **family**.
c. On Saturday **morning**, I would like to go out with my **friends**.
d. If I have time, I would like to spend **an hour** playing the **guitar**.
e. Later, on **Sunday**, I am going to play video games with **my** brother.
f. **However**, I also have to do my **Spanish** homework.
g. I think that it will be **very entertaining**.

7. Listening slalom

a. Next weekend, I would like to go fishing with my family to the lake.
b. On Saturday afternoon, I would like to go out with my friends at 4:00.
c. Later, on Sunday, I am going to listen to music in my bedroom at 8:00.
d. However, I also have to study for a Spanish exam at 1:00.
e. If I have time, I am going to spend an hour playing the guitar at 3:00.

8. Listen to Ignacio and answer the questions in English

a. 14 b. Many things c. Go fishing with his dad d. Play on the PlayStation in his room
e. Read a book / play the piano f. Study for a science exam g. Train in the gym
h. On Monday morning i. Fun

Unit 10. Making plans for next weekend: VOCAB BUILDING

1. Match

El domingo – On Sunday
Pasar tiempo – To spend time
Por la tarde – In the afternoon
Sin embargo – However
Voy a – I am going to
Me gustaría – I would like
Quedar con – To meet up with
También – Also
De pesca – Fishing
Tengo que – I have to
Por la mañana – In the morning
Charlando con – Chatting to
De compras – Shopping

2. Complete the chunks

a. Me **gustaría** b. **Por** la **mañana** c. **Será** relajante d. Sacar al perro e. Al **estadio**
f. Pienso que g. Leer un libro h. Ayudar en casa i. Pasar un rato j. De paseo
k. Ir de pesca

3. Break the flow

a. Me gustaría ir de compras con mi madre.
b. El domingo voy a jugar a videojuegos.
c. También tengo que tocar el piano.
d. ¿Qué planes tienes para el domingo?
e. La semana que viene voy a ir al cine.
f. Luego voy a jugar a la Play con mi hermano.
g. Pienso que será muy entretenido.
h. Sin embargo, también tengo que estudiar.

4. Complete with the missing words in the table below (2 words have no match)

a. ¿Qué planes tienes para el viernes que **viene**?
b. El sábado que viene me gustaría **ir** de pesca.
c. La semana que viene voy a pasar una hora **tocando** la guitarra.
d. El domingo voy a **mirar** mi Instagram.
e. Me gustaría hacer muchas **cosas**.
f. Voy a **quedar** con mis amigos.
g. Por la tarde voy a hacer los **deberes** de español.
h. También me gustaría ir de **paseo**.
i. Me **gustaría** ayudar en casa.
j. ¿Qué tienes que **hacer** el domingo?

(Words with no match: avestruz / piragüismo)

5. Spot and correct the 5 nonsense sentences

a. Me gustaría **ir** al cine. b. Correct.
c. Tengo que estudiar para un examen de **accept any school subject.**
d. Me gustaría pasar tiempo entrenando en el **gimnasio**. e. Correct.
f. También tengo que **sacar/pasear** al perro.
g. Luego voy a quedar con **mis amigos/amigas (accept any other person/people)**

6. Sentence puzzle

a. Me gustaría pasar tiempo con mis amigos.
b. El domingo voy a leer un libro en el salón.
c. ¿Qué te gustaría hacer?
d. Tengo que buscar información para mis deberes.
e. Me gustaría pasar un rato con mi prima.
f. Si tengo tiempo voy a leer un libro de terror.
g. También tengo que hacer los deberes de ciencias.
h. El fin de semana voy a quedar con mi familia.
i. Por la tarde voy a jugar a videojuegos.
j. El viernes me gustaría salir con mi mejor amigo.

7. Gapped translation

a. What **plans** do you have for **next** weekend?
b. Next weekend, I **would** like to **meet up** with my friends.
c. What do you have **to do** in the **afternoon?**
d. **I think** it will be cool.
e. However, I would like to **help** my dad.
f. Later, I am going to **train** in the gym.
g. I **also** have to take out the dog to **the park.**
h. I would like to **look** for information for my **homework**.
i. If I **have** time, I am going to **go** on the internet.

8. Translate into English

a. On Saturday afternoon, I would like to play the piano.
b. I also have to look for information at home.
c. If I have time, I would like to play on the PlayStation.
d. I would like to play football but I have to study.
e. I am going to play the guitar with my friend (f) in the park.
f. On Sunday morning, I am going to go fishing.
g. Next week, I would like to go shopping.
h. I am going to go out with my friends to the shopping mall.

9. Spot and correct the spelling & grammar mistakes

a. ~~Yo~~ **Me** gustaría
b. El ~~viene~~ fin de semana **que viene**
c. El domingo **por la** mañana
d. Si ~~pasar~~ **tengo** tiempo
e. Entrenando en el g**i**mnasio
f. ~~Jugando~~ **Tocando** la guitarra
g. Las ~~mathemáticas~~ matemáticas
h. Examen de espa**ñ**ol
i. Con mi**s** amigos
j. Ju**e**gar a la Play
k. ~~Muy~~ **Muchas** cosas
l. Pa**s**sar un rato

Unit 10. Making plans for next weekend: READING 1

1. Find the Spanish equivalent in the text

a. En una casa pequeña
b. Me llevo bien con
c. Siempre me ayuda
d. Fue la leche
e. Me gustaría ir al cine
f. El sábado por la mañana
g. Creo que voy a hacer
h. No voy a hacer nada hasta
i. Vamos a comer pescado y arroz

2. Gapped sentences

a. Weekend / little/younger b. Many things c. Friends d. Piano, has to e. Sunday f. 10:30
g. English exam h. Intelligent i. An hour, gym

3. Answer the questions below in Spanish

a. En Toledo, España
b. Su padre, su madrastra y sus hermanas
c. Fue a la fiesta de cumpleaños de su hermana menor
d. Ir al cine, ir al parque
e. Pizza
f. En casa de su abuela

Unit 10. Making plans for next weekend: READING 2

1. Find the Spanish in Macarena's text

a. En el campo
b. Bastante cerca del río
c. Tiene doce años
d. Fue la fiesta de cumpleaños de mi primo
e. Me lo pasé genial
f. Comí mucha pizza
g. Me gustaría hacer muchas cosas
h. Me gustaría ir al centro comercial
i. También me gustaría cenar
j. Me gustaría jugar a la Play
k. Siempre tengo que hacer los deberes
l. Voy a leer un libro
m. Pienso que será relajante

2. Spot and correct the mistakes

a. Vivo en una **casa grande**
b. Vivo con m**i** padre
c. **Me** gustaría ir al centro comercial
d. En **el** salón con mi hermano
e. Tengo **que** estudiar
f. Voy a le**er** un libro
g. **No** voy a hacer mucho
h. Todos **los** domingos
i. Me gustaría ~~a~~ **pasar** una hora

3. Tick or cross

a, b, e, f, i, j, l, m, o (appear in the text)

Unit 10. Making plans for next weekend: READING & WRITING

1. Find someone who

a. Jonatan b. Rodrigo c. Martina d. Gabriela e. Bernardo f. Gabriela g. Juan Carlos
h. Martina i. Bernardo j. Estrella k. Rodrigo l. Lola m. Rodrigo

2. Complete with a suitable word

a. Any location b. Any game c. Any chore/compelled activity d. Any school subject e. Tocando
f. Any adjective used to describe an event g. Examen h. Mañana/tarde/noche i. Any person

3. Write an extension of the sentence said by each person on the left

Students' own answers.

Unit 10. Making plans for next weekend: WRITING

1. Complete the following sentences creatively

Students' own answers.

2. Tangled translation

a. El **fin de semana** que viene **me gustaría** ir **de pesca** con mi **abuelo** en el **parque**.
b. El **sábado** por la **manana** me gustaría **jugar a la Play** en mi **dormitorio**.
c. **El domingo** por la **tarde** me gustaría **sacar al perro.**
d. **Luego** el domingo voy a **pasar** un rato **charlando** con mi amigo.
e. **También** me gustaría **quedar** con **mis** amigas.
f. Si tengo **tiempo me gustaría** pasar un **rato** tocando la **guitarra. Pienso que** será **divertido.**

3. Gapped translation

a. El **viernes** q**ue** v**iene** me gust**aría** ir al **cine**.
b. El s**ábado** por la t**arde** me gustar**ía** toc**ar** el piano.
c. El **fin** d**e** s**emana** q**ue** v**iene** me gust**aría** h**acer** m**uchas** c**osas**.
d. El d**omingo** por la m**añana** v**oy** a e**scuchar** m**úsica** en e**l** p**arque**.

4. Translate into Spanish

a. El fin de semana que viene me gustaría ir de paseo con mis primos.
b. El domingo voy a mirar mi Instagram si tengo tiempo.
c. Por la tarde me gustaría pasar un rato tocando la guitarra con mi padre.
d. Tengo que hacer mis deberes sin embargo luego voy a ir de compras.
e. Pienso que será relajante ir al parque de paseo.
f. Si tengo tiempo me gustaría pasar una hora entrenando en el gimnasio. Pienso que será agotador pero divertido.

TERM 2 – BRINGING IT ALL TOGETHER – 10

1. Answer the following questions in English

a. At 7:15 b. Very close to her house, a five-minute walk c. A theme park
d. Had fun listening to music and singing songs e. Animated f. Popcorn g. Ride her bike
h. Maths i. Her brother j. Quite chaotic, very entertaining

2. Find the Spanish equivalent in Tiana's text

a. Hay muchas cosas que hacer b. Suelo desayunar tostadas c. Nunca llego tarde
d. Me lo pasé genial e. El viaje fue bastante largo f. Me gustaría ir al cine
g. La comida en el cine es muy cara h. Voy a volver a casa i. Siempre jugamos [...] en el salón
j. Antes de salir k. Me debe un favor l. Pienso que será m. Pero también será

3. Complete the translation of paragraph 5

Later, on **Sunday**, I am going to **get up** late and **listen** to music in my **bedroom** until **11:30**. I would also like to **spend** an hour **playing** the guitar but I have to **study** for an English **exam**. I love English but my **teacher** is very **mean**. At **night**, I am going to have **dinner** with my **family** at my grandmother's **house**. We are going to eat **roast chicken** and salad but the best bit will be the **dessert**.

4. True (T), False (F) or Not Mentioned (NM)?

a. F b. T c. F d. T e. T f. NM g. T h. T i. T j. F k. T l. F m. T

5. Complete the statements

a. Shopping mall, 7:30 b. Julián, Milagro c. Julián, faces d. Fundraise, have fun
e. Mountain, Italian restaurant

END OF TERM 2 – QUESTION SKILLS

TRANSCRIPTS & ANSWERS

1. Fill in the missing letters

a. ¿A q**ué** hora te l**evantaste** ayer?
b. ¿**Cómo** f**uiste** al c**olegio**?
c. ¿**Qué** hiciste ayer d**espués** del colegio?
d. ¿**Qué** hiciste el fin de semana p**asado**?
e. ¿**Qué** hiciste a**ntes** de d**ormir**?
f. ¿**Cuándo fuiste** al **cine**?
g. ¿**Qué** p**elícula** v**iste**?
h. ¿**De** q**ué** t**rataba** la historia?
i. ¿T**e** g**ustó** la película? ¿Por q**ué**?
j. ¿D**ónde** fue la f**iesta** de tu amiga?
k. ¿**Qué** h**iciste** durante la f**iesta**?
l. ¿**Qué** l**e** r**egalaste** a tu a**migo**?
m. ¿**Qué** v**as** a hacer el finde que v**iene**?
n. ¿**Qué** planes tienes p**ara** el d**omingo**?
o. ¿**Qué** te g**ustaría** hacer este sábado?
p. ¿**Qué tienes** que h**acer** en casa?

2. Choose the option that you hear

a. Me levanté a las **seis.**
b. Fui al colegio **en autobús**.
c. Después del cole **salí** con mis amigos.
d. Fui **al parque** con mi amiga.
e. **Escuché música** con mi amigo.
f. Fui al cine el **domingo** pasado.
g. Vi una película de **acción.**
h. De una historia de **superhéroes.**
i. Me gustó **la trama.**
j. Hizo la fiesta en **su casa.**
k. Nos divertimos **bailando.**
l. Le regalé **un reloj.**
m. Voy a tocar **la trompeta.**
n. El domingo voy a jugar **al fútbol.**
o. Me gustaría **descansar.**
p. Tengo que **sacar al perro.**

3. Listen and write in the missing information

a. Ayer por la **mañana** me **levanté** a las **siete**.
b. Salí de **casa** y fui al **colegio** en **autobús**.
c. Después del cole **quedé** con mis **amigos** y **fuimos** al centro comercial.
d. Fui al **cine** con mi **amiga** y vimos una **película**.
e. Antes de **dormir escuché** un poco de **música**.
f. Fui al cine el **viernes** pasado. La **entrada** costó **ocho** euros.
g. **Vimos** una película de **guerra**.
h. La **historia** trataba de una **batalla** entre el **bien** y el **mal**.
i. Lo que **más** me **gustó** fue como **termina** la historia.
j. Mi amigo **hizo** la fiesta en un **restaurante** en un centro **comercial**.
k. Pasamos una hora **contando** chistes y **escuchando** música.
l. Para su cumpleaños le **regalé** una **tarjeta** de **regalo**.
m. Me gustaría **salir** con mis amigos y **pasar** un rato **charlando** con ellos.
n. El **domingo** voy a meterme en **internet** y buscar **información** para mis **deberes**.
o. Este **sábado** me gustaría pasar un rato **entrenando** en el **gimnasio**.
p. Tengo que **estudiar** para un examen de **matemáticas**. ¡Qué horror!

UNIT 11.
Saying what jobs people do, why they like/dislike them and where they work

TRANSCRIPTS

1. Multiple choice

a. Me llamo Iván y soy actor.
b. Me llamo Paloma y soy escritora.
c. Me llamo Felipe y soy cocinero.
d. Me llamo Consuelo y soy médica.
e. Me llamo Juan y soy contable.
f. Me llamo Véronica y soy peluquera.
g. Me llamo Julio y soy mecánico.
h. Me llamo Roberto y soy futbolista.
i. Me llamo Maite y soy profesora.

2. Listening for detail

a. Mi madre es actriz y le encanta.
b. Me llamo Sara y soy cocinera.
c. Mi tío se llama Pablo y es médico.
d. Hola, tengo ochenta y dos años y soy granjera.
e. Mi tía Emilia es ingeniera.
f. Soy abogada y me encanta.
g. Él trabaja en un taller, pero dice que es muy aburrido.
h. Le encanta su trabajo porque ella es muy activa.

3. Spot the intruders

Me llamo Carlos y voy a hablarte de mi familia. En mi familia somos tres: mi padre, mi madre, y yo. Mi padre se llama Pablo. Tiene cincuenta años. Es alto y un poco gordo. Es calvo. Es simpático y trabajador. Trabaja como contable. le gusta porque es un trabajo bien pagado. Mi madre trabaja como peluquera. Le encanta porque es muy divertido y gratificante. A mí me gustaría trabajar como cocinero y ser famoso como Gordon Ramsay.

4. Spot the differences

Me llamo María. Soy de Bilbao. Mi persona favorita en mi familia es mi abuela. Es tímida pero muy amable. Mi abuela es contable pero ahora no trabaja. Odio a mi tío. Es inteligente pero muy muy antipático. Mi tío es profesor, pero odia su trabajo porque es estresante y aburrido. Trabaja en un colegio en Bilbao. En mi casa tengo una tortuga que se llama Donatello. Es lenta pero muy divertida, como mi hermana Casandra.

5. Listen and fill in the grid

a. Mi padre es cocinero.
b. Mi madre es abogada.
c. Mi hermano mayor es escritor.
d. Mi hermano menor es jardinero.
e. Mi hermana es mujer de negocios.
f. Mi mejor amiga es cantante.
g. Mi novia es médica.
h. Mi abuelo es contable.

6. Narrow listening

Me llamo Andrea. En mi familia hay cinco personas. Mi padre se llama Cristián. Él es alto y guapo. Trabaja como policía. Le encanta su trabajo porque es apasionante. Mi madre es contable. No le gusta su trabajo porque es aburrido. Ella quiere ser enfermera porque es muy gratificante y ella es muy servicial. Mis dos hermanos son estudiantes en la universidad. Les encanta porque es divertido e interesante. Yo todavía soy estudiante de secundaria. Odio el colegio porque es aburrido y difícil.

7. Translate the sentences into English

a. En mi familia hay tres personas: mis padres y yo.
b. Mis padres son muy amables pero estrictos.
c. Mi padre es obrero.
d. No le gusta su trabajo porque es agotador.
e. Mi madre es camarera en un restaurante.
f. Le gusta su trabajo porque es divertido.
g. Yo no trabajo.
h. Soy estudiante en la universidad.
i. Me encanta porque es estimulante.

8. Listen, spot and correct the errors

a. Yo trabaj**o** en el campo.
b. Mi madre trabaj**a** como cocinera.
c. Mi padre **es** peluquero.
d. Mis hermanos no trabaja**n.**
e. Mi novia es act**riz.**
f. Mi mejor amigo **es** escri**t**or.
g. Mi prima es médic**a.**
h. Mis tíos son granjero**s.**

9. Listen to the conversations and answer the questions in English

Conversation 1

Hola, me llamo Valeria. Mi padre es jardinero. Le encanta su trabajo porque le gusta trabajar al aire libre. Mi madre es médica en un hospital. También le gusta su trabajo porque es gratificante y puede ayudar a la gente. En el futuro yo quiero ser profesora porque quiero trabajar con niños y es un trabajo creativo.

Conversation 2

Hola, me llamo Fernando. Mi padre es abogado y no le gusta su trabajo. Dice que es aburrido y muy repetitivo. Mi madre es mujer de negocios. Le gusta bastante su trabajo, pero es un poco difícil. Un día yo quiero ser cantante porque me encanta cantar y tocar la guitarra.

ANSWERS

UNIT 11. Saying what jobs people do: LISTENING

1. Multiple choice

a. Actor b. Writer c. Cook d. Doctor e. Accountant f. Hairdresser g. Mechanic h. Footballer i. Teacher

2. Listening for detail

a. F b. F c. M d. F e. F f. F g. M h. F

3. Spot the intruders

Me llamo ~~**Juan**~~ Carlos y voy a hablarte de mi ~~**gran**~~ familia. En mi familia somos tres ~~**personas**~~: mi padre, mi madre, ~~**mi hermano**~~ y yo. Mi padre se llama Pablo. Tiene cincuenta ~~**y seis**~~ años. Es ~~**muy**~~ alto y un poco gordo. Es calvo. Es simpático y ~~**también es**~~ trabajador. Trabaja como ~~**un**~~ contable. ~~**No**~~ Le gusta porque es un trabajo bien pagado. Mi madre trabaja como ~~**una**~~ peluquera. Le encanta ~~**este trabajo**~~ porque ~~**él**~~ es muy divertido y gratificante. A mí me gustaría trabajar como ~~**un**~~ cocinero y ser famoso como Gordon Ramsay.

4. Spot the differences

Me llamo **María**. Soy de Bilbao. Mi persona favorita en mi familia es mi **abuela.** Es tímida pero muy **amable**. Mi **abuela** es contable pero ahora no trabaja. Odio a mi **tío**. Es inteligente pero muy muy antipático. Mi **tío** es **profesor,** pero odia su trabajo porque es **estresante** y aburrido. Trabaja en un **colegio** en Bilbao. En **mi** casa tengo una **tortuga** que se llama Donatello. Es lenta pero muy **divertida**, como mi hermana Casandra.

5. Listen and fill in the grid

a. My father is a cook.
b. My mother is a lawyer.
c. My older brother is a writer.
d. My younger brother is a gardener.
e. My sister is a businesswoman.
f. My best friend is a singer.
g. My girlfriend is a doctor.
h. My grandfather is an accountant.

6. Narrow listening

My name is **Andrea**. In my family there are **five** people. My **father** is called Cristián. He is tall and **handsome**. He works as a **policeman**. He loves his job because it is **exciting**. My mother is an **accountant**. She does not **like** her job because it is **boring**. She wants to be a **nurse** because it is very **rewarding** and she is very **helpful**. My two **brothers** are students at **university**. They love it because it is **fun** and **interesting**. I am still a **student** in a secondary school. I hate school because it is **boring** and **difficult**.

7. Translate the sentences into English

a. In my family, there are 3 people: my parents and me. b. My parents are very kind but strict.
c. My father is a labourer. d. He does not like his job because it is tiring.
e. My mother is a waitress in a restaurant. f. She likes her job because it is fun. g. I do not work.
h. I am a student at the university. i. I love it because it is stimulating.

8. Listen, spot and correct the errors

a. Yo trabaj**o** en el campo.
b. Mi madre trabaj**a** como cocinera.
c. Mi padre **es** peluquero.
d. Mis hermanos no trabaja**n.**
e. Mi novia es act**riz.**
f. Mi mejor amigo **es** escri**tor.**
g. Mi prima es médic**a.**
h. Mis tíos son granjero**s.**

9. Listen to the conversations and answer the questions in English

Conversation 1

a. Gardener b. Loves it, likes working outside/fresh air c. Doctor
d. She likes it, it's rewarding, she can help people e. Teacher, work with kids, it's a creative job

Conversation 2

a. Lawyer b. Doesn't like it, boring, repetitive c. Businesswoman d. Likes it, it's a bit difficult
e. Singer, likes singing and playing the guitar

UNIT 11. Saying what jobs people do: VOCAB BUILDING 1

1. Complete with the missing word

a. Mi padre es **abogado.**
b. Mi tía es **peluquera.**
c. Mi hermano **menor.**
d. Él trabaja como **mecánico.**
e. Mi madre es **médica.**
f. Mi hermana **mayor.**
g. Ella trabaja como **ingeniera.**
h. Mi tía es **contable.**
i. Mi **tío** es **granjero.**

2. Match

Es aburrido – It's boring
Es activo – It's active
Es difícil – It's hard
Es divertido – It's fun
Es estimulante – It's stimulating
Es estresante – It's stressful
Es fácil – It's easy
Es gratificante – It's rewarding
Es interesante – It's interesting

3. Translate into English

a. My mother is a mechanic.
b. He/she likes his/her job.
c. He/she works in a garage.
d. My brother is an accountant.
e. He/she doesn't like his/her job.
f. My cousin *(m)* is a hairdresser.
g. He/She loves his/her job.
h. Because it is fun.

4. Add the missing letter

a. Es f**á**cil b. L**e** gusta c. Ing**e**niera d. **M**édico e. Es e**s**tresante f. T**r**abaja como g. Es en**f**ermera h. Mi t**í**o

5. Anagrams

a. Granjero b. Abogado c. Médica d. Actor e. Actriz f. Contable g. Peluquero h. Ama de casa

6. Broken words

a. E**s** a**mo** d**e** c**asa**
b. L**e** g**usta** s**u** t**rabajo**
c. M**i** h**ermano** e**s** g**ranjero**
d. Él/ella t**rabaja**
e. E**n** e**l** c**ampo**
f. O**dia** s**u** t**rabajo**
g. P**orque** e**s** a**ctivo**
h. E**s** m**uy** g**ratificante**
i. M**i** m**adre** e**s** a**bogada**

7. Complete with a suitable word

a. Mi madre es **peluquera/contable.**
b. Le **gusta/encanta** su trabajo.
c. Le gusta porque es **interesante.**
d. Trabaja en **casa.**
e. Mi **primo/hermano** es peluquero.
f. No **le** gusta su trabajo.
g. Porque es muy **estresante.**
h. **Mi** tía es médica.
i. Le gusta su **trabajo.**
j. Mi tío es mecánico, trabaja en un **taller.**

Unit 11. Saying what jobs people do: VOCAB BUILDING 2

1. Circle the correct translation

a. **Fácil** – Easy b. **Taller** – Workshop c. **Empresa** – Company d. **Granja** – Farm e. **Colegio** – School f. **Ciudad** – City g. **Estresante** – Stressful h. **Abogado** – Lawyer i. **Aburrido** – Boring

2. Match

Enfermero/a – Nurse **Cocinero/a** – Chef **Contable** – Accountant **Peluquero/a** – Hairdresser **Granjero/a** – Farmer **Actriz** – Actress **Abogado/a** – Lawyer **Médico/a** – Doctor **Escritor/a** – Writer

3. Spot and add the missing word

a. ¿Le gusta **su** trabajo?
b. ¿**Qué** trabajo hace tu padre?
c. Porque **es** divertido
d. Trabaja en **un** colegio
e. Mi tía es **mujer** de negocios
f. No **le** gusta
g. Dice **que** le gusta
h. Trabaja **en** un hotel
i. Mi tío **es** cocinero
j. Trabaja en **la** ciudad

4. Sentence puzzle

a. Mi padre es abogado y trabaja en una oficina.
b. Mi tío es cocinero y trabaja en un restaurante.
c. Mi hermana es médica y trabaja en un hospital.
d. Mi madre es escritora y trabaja desde casa.
e. Mi tía es mecánica y trabaja en un garaje.

5. Tangled translations

a. **Mi** hermana **es cocinera** en un **restaurante**.
b. Mi **tía dice** que le gusta **mucho**.
c. Él **trabaja** en un **colegio** en **el** campo.
d. Dice que **le gusta** porque es **gratificante**.
e. ¿Qué **trabajo hace** tu padre?
f. Mi **madre** es mujer de **negocios** y **le encanta**.
g. Le encanta **porque** es **estimulante**.
h. Mi tío es **granjero** en el **campo**.
i. Él **dice** que le gusta porque **es fácil.**
j. **Mi hermano** es **enfermero** porque es **gratificante**.

6. Complete with suitable words

Students' own answers.

UNIT 11. Saying what jobs people do: READING 1

1. Find the Spanish for the following in Felipe's text

a. Tengo veinte años b. Tengo un perro c. Mi padre trabaja como d. Médico e. En la ciudad f. Le gusta su trabajo g. Es gratificante h. A veces i. Le encanta su trabajo

2. Answer the questions below about Felipe, Sebastián, Samuel and Camila

a. Camila's cousin's horse b. Sebastian's mum c. Samuel d. Felipe e. Samuel f. Sebastián

3. Answer the following questions about Samuel

a. Valencia b. His mother c. She is an engineer but she is not currently working
d. Because he is very very mean e. It is difficult and boring f. His turtle g. She is slow but funny

4. Fill in the blanks

Me **llamo** Mariana. Tengo trece a**ños** y v**ivo** en Santiago de Compostela. En mi f**amilia** hay cinco personas. Mi primo Cristóbal Pye e**s** muy hablador y amable, tiene treinta años. Cristóbal es pr**ofesor** y trabaja en un c**olegio**. Vive en Liverpool, en Inglaterra. Le gusta su t**rabajo** porque es int**eresante** y grat**ificante**. Mi pad**re** no trabaja ahora. En casa tengo **un** animal que se lla**ma** Damián. ¡Es una ara**ña**: una tarántula!

5. Fill in the table below

Name	Mariana	Cristóbal
Age	13	30
City	Santiago de Compostela	Liverpool
Pets/job	Spider	Teacher
Opinion of job	N/A	Interesting and rewarding

UNIT 11. Saying what jobs people do: READING 2

1. Find the Spanish in Thiago's text

a. Es muy bonita y acogedora b. Tiene un jardín muy grande c. Tiene treinta y siete años
d. Dice que le gusta su trabajo e. También puede ser difícil f. Me llevo bien con ella
g. Le gustaría ser h. Quiere ser abogada i. Como cocinera a tiempo parcial
j. Pero puede ser estresante k. Pienso que sería l. En su taller
m. Este fin de semana tengo que

2. Spot and correct the mistakes

a. Mi **hermano menor** b. **Él** trabaja como mecánico c. Dice que **le** gusta su trabajo
d. **Le gustaría** ser profesor e. Ella **quiere** ser abogada f. Trabaja en un **restaurante chino**
g. A **mí me** gustaría ser peluquero h. Con mi padre en **su** taller i. Tengo que limp**iar** el taller

3. Tick or cross

b, c, e, h, i, j, k, n, o (appear in the text)

UNIT 11. Saying what jobs people do: READING & WRITING

1. Find someone who

a. Juan Carlos b. Miguel c. Luna d. Julián e. Patricia f. Alexis g. Juan Carlos h. César
i. Daniel j. Alexis k. Patricia l. Julián m. Miguel

2. Complete with a suitable word

a. Any masculine job b. Any feminine family member c. Gusta/encanta d. Any negative adjective
e. Any workplace f. Any job that can be done in a hospital g. Any positive adjective
h. Trabaja i. Una granja

3. Write an extension of the sentence said by each person on the left

Students' own answers.

UNIT 11. Saying what jobs people do: TRANSLATION

1. Faulty translation

a. My father works as a**n** ~~cook~~ **actor** and he really likes his job because it is ~~interesting~~ **exciting**. He works in a ~~school~~ **theatre**.
b. My aunt works as a businesswoman in ~~a hair salon~~ **an office**. She ~~hates~~ **likes** it but it's hard.
c. My ~~enemy~~ **friend** Fran works as a nurse. He ~~lives~~ **works** in a hospital and likes his work.
d. My uncle Gianfranco is a ~~lawyer~~ **chef** in an Italian ~~restroom~~ **restaurant** and he ~~likes~~ **loves** it.
e. My mother Angela is an ~~actress~~ **accountant** and works in an office. She ~~loves~~ **hates** her work because it is boring and repetitive.

2. Translate into English

a. My uncle works as a b. My father works as a c. Househusband
d. Nurse e. Hairdresser f. Mechanic
g. He/she loves his/her job h. He/she works in a workshop i. He/she works in a theatre
j. he/she works in a garage k. It is rewarding l. It is hard but fun

3. Phrase-level translation

a. Mi hermano mayor b. Trabaja como c. Granjero d. Le gusta e. Su trabajo f. Porque es activo
g. Y divertido h. Pero es duro

4. Sentence-level translation

a. Mi hermano es mecánico. b. Mi padre es hombre de negocios. c. Mi tío es granjero y odia su trabajo.
d. Mi hermano Darren trabaja en un restaurante. e. En casa tengo una serpiente que se llama Sally.
f. En casa tengo un perro divertido y un gato antipático. g. Mi tía es enfermera. Le gusta su trabajo...
h. ...porque es gratificante. i. Mi tía trabaja en un hospital.

UNIT 11. Saying what jobs people do: WRITING

1. Split sentences

Mi hermano tiene **un pato negro.** Mi tía es **profesora.** Mi primo trabaja **como abogado.**
Le gusta **su trabajo.** Porque es **estimulante.** Trabaja en **un restaurante.**
Trabaja en una **empresa.**

2. Rewrite the sentences in the correct order

a. Le gusta mucho su trabajo. b. Trabaja como contable en una oficina.
c. Es ama de casa y le gusta. d. Mi tío trabaja como granjero.
e. Mi hermano trabaja en un teatro. f. Mi abuelo odia su trabajo.
g. Mi amigo es médico y trabaja en un hospital.

3. Spot and correct the grammar and spelling

a. Mi madre es am**a** de casa. b. Es un~~a~~ trabajo aburrido y difícil.
c. Mi hermana trabaja como peluquer**a** / Mi herman**o** trabaja como peluquer**a**.
d. Ella odia su trabajo porque es dur**o** y repetitivo. e. Trabaja en un~~a~~ hospital en **la** ciudad.
f. Le gust**a** mucho su trabajo porque es fácil. g. Mi **padre** odi**a** su trabaj**o.**
h. Le gusta su trabajo porque es gratificante~~s.~~

4. Anagrams

a. Médico b. Gratificante c. Repetitivo d. Le gusta e. Granja f. Restaurante g. Profesor h. Abogado

5. Guided writing

Jorge: Me llamo Jorge. Mi padre es mecánico. Le encanta porque es activo e interesante.
Luciano: Me llamo Luciano. Mi hermano es abogado. Lo odia porque es aburrido y repetitivo.
Marta: Me llamo Marta. Mi tía es granjera. Le gusta porque es divertido pero duro.

6. Describe this person in Spanish in the 3rd person:

Se llama Magdalena. Tiene el pelo rubio y los ojos verdes. Es alta y delgada. Es trabajadora y trabaja como enfermera. Le gusta mucho su trabajo porque es gratificante pero estresante.

TERM 3 – BRINGING IT ALL TOGETHER – 11

1. Answer the following questions in English

a. In the historic centre of Ávila b. Views of the Plaza, the church and a statue
c. Celebrated her best friend's birthday d. The main actor e. Go shopping with her mother
f. Go fishing with her father g. Whether her parents are working h. He is a businessman
i. She is a hairdresser j. Play on the PlayStation with her brother

2. Find the Spanish equivalent in Tiana's text

a. Combina la riqueza histórica con
b. Desde mi piso se puede ver
c. El fin de semana pasado fue
d. Nos divertimos contando chistes
e. Luego vimos una película de terror
f. Me gustaría hacer muchas cosas
g. Siempre que vamos de compras
h. Solemos ir en autobús
i. Tiene que coger el tren a Madrid
j. Tiene que trabajar los sábados
k. Pero dice que puede ser difícil
l. Ya veremos si están ocupados o no
m. Si están ocupados

3. Complete the translation of paragraph 4

My **father** is a **businessman** and he works in an **office** in the centre of Madrid. Every **day** he **has** to get a train to Madrid and the **journey** lasts an **hour** and a **half**. He says that **during** the journey he **tends** to listen to music or watch a film on his **phone**. He says that he loves his job because it is **stimulating** but he **also** says that it can be very **stressful**.

4. True (T), False (F) or Not Mentioned (NM)?

a. T b. F c. NM d. T e. T f. F g. T h. F i. F j. T k. F l. T m. F

5. Complete the statements

a. Stimulating, rewarding, difficult b. Suit, briefcase c. Father, spy d. Verónica e. Mother

UNIT 12. My dreams and aspirations: my life plans

TRANSCRIPTS

1. Dictation

a. Cuando sea mayor b. Voy a estudiar c. Arquitectura d. Quiero ser artista
e. Para ser albañil f. Vivir en Nueva York g. Ayudar a la gente h. Ganar mucho dinero
i. Una persona famosa j. Es trabajador

2. Listen and fill in the gaps

a. En el futuro voy a estudiar derecho en la universidad. b. Luego quiero ser abogada.
c. Creo que voy a formarme para ser fontanero. d. Más tarde me gustaría vivir en el campo.
e. Para mí lo más importante en la vida es ser famoso. f. Luego quiero ser ingeniero.
g. Una persona famosa que me inspira es Lionel Messi porque es trabajador.
h. Una persona famosa que me inspira es Taylor Swift porque es talentosa.
i. Creo que voy a formarme para ser artesano.

3. Break the flow

a. En el futuro voy a estudiar arquitectura. b. Luego quiero ser científica o médica.
c. Lo más importante en la vida es ser famosa. d. Creo que voy a formarme para ser albañil.
e. Me inspira Lionel Messi porque es talentoso. f. Más tarde me gustaría vivir en el campo.
g. Creo que voy a formarme para ser electricista. h. Cuando sea mayor voy a estudiar medicina.
i. Más tarde me gustaría vivir en Nueva York.

4. Multiple choice

e.g. Me gustaría vivir en una ciudad grande con mi hermano.
a. Cuando sea mayor voy a estudiar derecho en la universidad. b. Luego quiero ser escritor.
c. Creo que voy a formarme para ser albañil. d. Más tarde me gustaría vivir en Japón.
e. Para mí lo más importante en la vida es ser feliz. f. Luego quiero ser actor.
g. Una persona famosa que me inspira es Lionel Messi porque es talentoso.
h. ¿Qué te gustaría estudiar el año que viene?

5. Faulty translation

e.g. Creo que voy a formarme para ser electricista.
a. En el futuro voy a estudiar magisterio en la universidad. b. Luego quiero ser científica.
c. Creo que voy a formarme para ser artesana. d. Más tarde me gustaría vivir en Nueva York.
e. ¿Qué quieres estudiar el año que viene? f. ¿Qué te gustaría ser cuando seas mayor?
g. Para mí lo más importante en la vida es aprender muchas cosas.

6. Listening slalom

a. En el futuro voy a estudiar arquitectura en la universidad.
b. Luego quiero ser informático o profesor. c. Creo que voy a formarme para ser fontanero.
d. Más tarde me gustaría vivir en una ciudad grande con mi hermana.
e. Cuando sea mayor creo que no voy a estudiar medicina.

7. Narrow listening

Hola, me llamo Verónica y soy de Barbastro. Tengo diecisiete años y me encanta estudiar. En el futuro voy a estudiar derecho en la universidad. Luego quiero ser abogada. Sin embargo, también me gustaría ser escritora. No quiero formarme para ser albañil. Más tarde me gustaría vivir en una ciudad grande como Nueva York. Para mí lo más importante en la vida es ayudar a la gente, no ganar mucho dinero. Una persona famosa que me inspira es Lionel Messi. Es uno de los mejores futbolistas del mundo.

8. Listen to Karima and answer the questions in English

Hola, Soy Karima y soy española. Tengo dieciséis años. En el futuro voy a estudiar arquitectura en la universidad. Luego quiero ser arquitecta o tal vez ingeniera. No quiero formarme para ser fontanera. Más tarde me gustaría vivir en China o en Japón. Para mí lo más importante en la vida es ser feliz, no ser famosa. Sin embargo, una persona famosa que me inspira es Taylor Swift porque es trabajadora.

ANSWERS

Unit 12. My dreams and aspirations: LISTENING

1. Dictation

a. C**uando** s**ea** m**ayor**
b. V**oy** a e**studiar**
c. A**rquitectura**
d. Q**uiero** s**er** a**rtista**
e. P**ara** s**er** al**bañil**
f. V**ivir** en N**ueva** Y**ork**
g. A**yudar** a l**a** g**ente**
h. G**anar** m**ucho** d**inero**
i. U**na** pe**rsona** f**amosa**
j. E**s** t**rabajador**

2. Listen and fill in the gaps

a. En el **futuro** voy a **estudiar** derecho en la universidad.
b. Luego **quiero** ser **abogada**.
c. Creo que **voy** a formarme para ser **fontanero**.
d. Más tarde me **gustaría** vivir en el **campo**.
e. Para **mí** lo más importante en la vida es ser **famoso**.
f. **Luego** quiero ser **ingeniero**.
g. Una persona **famosa** que me **inspira** es Lionel Messi porque es **trabajador**.
h. Una persona famosa que **me** inspira es Taylor Swift **porque** es **talentosa**.
i. Creo que voy a **formarme** para ser **artesano**.

3. Break the flow

a. En el futuro voy a estudiar arquitectura.
b. Luego quiero ser científica o médica.
c. Lo más importante en la vida es ser famosa.
d. Creo que voy a formarme para ser albañil.
e. Me inspira Lionel Messi porque es talentoso.
f. Más tarde me gustaría vivir en el campo.
g. Creo que voy a formarme para ser electricista.
h. Cuando sea mayor voy a estudiar medicina.
i. Más tarde me gustaría vivir en Nueva York.

4. Multiple choice

a. Futuro b. Profesor c. Estudiar d. Luego e. Opinión f. Actor g. Mucho h. Ser

5. Faulty translation

a. In the future, I am going to study **teaching** at university.
b. Later, I want **to be** a scientist.
c. I **believe** that I am going to train to be a tradesperson.
d. Later on, I would like **to live** in New York.
e. What do you want **to study** next year?
f. What would you like **to be** when you are older?
g. For me, the most important thing in life is **to learn many things**.

6. Listening slalom

a. In the future, I am going to study architecture at university.
b. Later, I want to be an IT technician or a teacher.
c. I believe that I am going to train to be a plumber.
d. Later on, I would like to live in a big city with my sister.
e. When I am older, I believe that I am not going to study medicine.

7. Narrow listening

Hello, my **name** is Verónica and I am **from** Barbastro. I am **17** years old and I **love** to study. In the **future**, I am going to study **law** at **university**. Later, I **want** to be a **lawyer**. However, I would also like to be a **writer**. I don't want to **train** to be a **builder**. Later on, I would like to **live** in a **big city** like New York. For me, the **most** important thing in life is to **help** people, not to **earn** a lot of **money**. A **famous** person that **inspires** me is Lionel Messi. **He** is one of the best footballers in the **world**.

8. Listen to Karima and answer the questions in English

a. 16 b. Architecture c. An architect or an engineer d. Be a plumber e. China or Japan
f. To be happy g. To be famous h. Taylor Swift, because she is hardworking

Unit 12. My dreams and aspirations: VOCAB BUILDING

1. Match

Voy a estudiar – I am going to study
Magisterio – Teaching
Científico/a – A scientist
Albañil – A builder
El campo – The countryside
Ayudar a la gente – To help people
Programación – Programming
Quiero ser – I want to be
Escritor/a – A writer
Cuando sea mayor – When I am older
Ser Feliz – To be happy
Es talentoso/a – He/she is talented

2. Missing letters

a. Voy a estudiar derecho en la universidad.
b. Luego quiero ser abogado.
c. Cuando sea mayor me gustaría ser artista.
d. Creo que voy a formarme como fontanero.
e. Más tarde me gustaría vivir en España.
f. Me gustaría ser YouTuber, como Señor Bestia.
g. Lo más importante en la vida es ser feliz.
h. Quiero aprender muchas cosas.
i. Me gustaría ser famoso y ganar mucho dinero.
j. Quiero ayudar a la gente.
k. Una persona famosa que me inspira es Shakira.

3. Faulty translation

a. I am going to **study** programming.
b. I want to study **law** at university.
c. When I am **older,** I **want** to be an **engineer**.
d. I **believe that** I am going to train as **a builder**.
e. I would like to live in a **big** city.
f. The most important thing is to learn **many things**.

4. Spot and add in the missing word

a. En **el** futuro voy a estudiar arquitectura.
b. Voy **a** estudiar magisterio.
c. Me gustaría vivir **en** Japón.
d. Creo **que** me gustaría ser escritora.
e. **Lo** más importante en la vida es ser feliz.
f. Cuando sea mayor quiero vivir en **el** campo.
g. En el futuro voy a estudiar **en** la universidad.
h. Más tarde **me** gustaría ser científico.
i. ¿Qué vas a estudiar el año **que** viene?

5. Sentence puzzle

a. En el futuro voy a estudiar medicina.
b. Cuando sea mayor quiero ser abogado.
c. Me inspira Taylor Swift porque es trabajadora.
d. Me gustaría formarme como electricista.
e. Creo que quiero estudiar magisterio.
f. ¿Dónde te gustaría trabajar?
g. En el futuro quiero ser YouTuber en Nueva York.
h. Me gustaría ayudar a la gente.
i. Cuando sea mayor quiero ser famosa.

6. Complete with the options below

a. Quiero **estudiar** para ser ingeniera
b. Lo más importante es **aprender** muchas cosas.
c. Me **inspira** Serena Williams...
d. **porque** es trabajadora.
e. En el **futuro** me gustaría ser actor
f. Quiero **ganar** mucho dinero.
g. Lo más importante **es** ayudar a la gente.
h. El año que **viene** voy a estudiar derecho.
i. Quiero **formarme** como fontanera.
j. Cuando **sea** mayor quiero ir a la universidad.
k. Creo **que** me gustaría vivir en una ciudad grande. (word with no match: tiburón)

7. Multiple choice

a. Me visto b. Me acuesto c. Más tarde d. Luego e. Quiero ser f. Me gustaría ser g. Trabajo como h. Ganar dinero i. Por la tarde j. En el campo

8. Spot and correct the spelling & grammar mistakes

a. Creo **que** b. **Voy** a formarme c. Ayudar **a** la gente~~s~~ d. Porque **es** talentoso e. Me gustaría **vivir** en f. Voy **a** estudiar g. Cuando **sea** mayor h. En **la** universidad i. Ganar **mucho** dinero j. Un**a** ciudad grande

Unit 12. My dreams and aspirations: READING 1

1. Find the Spanish equivalent in the texts

a. Quiero ser informático
b. Quiero diseñar edificios bonitos
c. Y ganar suficiente dinero
d. Ser famoso no es importante para mí
e. Igual que mi madre
f. En una ciudad grande en el extranjero
g. Mi ambición es de crear una nueva aplicación

2. Find someone who...

a. Daniela b. Mike c. Soo How d. Mike e. Soo How f. Mike g. Daniela

3. Correct the mistakes

a. En el futuro Soo How quiere crear una aplicación para **ayudar a personas con discapacidades**.
b. Daniela quiere ser abogada, igual que su **m**adre.
c. A Daniela le inspira Malala porque **lucha por los derechos de las personas vulnerables**.
d. Para Mike lo más importante en la vida es **ser feliz y ganar mucho dinero.**
e. Soo How quiere vivir en **California o Nueva York/EE. UU.**
f. A Daniela le gustaría vivir en **Tokio** cuando sea mayor.

Unit 12. My dreams and aspirations: READING 2

1. Find the Spanish in César's text

a. En el sur de España
b. Un pueblo pequeño
c. Cerca de Almería
d. Hoy en día
e. Quiero explorar
f. Cuando sea mayor
g. Quiero tocar
h. En cada esquina
i. Siempre me ha inspirado
j. En las calles
k. Otros músicos talentosos
l. Sus historias sobre
m. En un grupo

2. Spot and correct the mistakes

a. La música es mi pasión
b. Me **ll**amo César
c. Soy **de** Aguadulce
d. Famosa **por** su rica cultura
e. En el su**r** de España
f. Luego aprend**í** a tocar el piano
g. La música est**á** en cada esquina
h. Quiero explorar nuevos estilos musical**es**
i. Me gustaba toc**ar** la guitarra

3. Tick or cross

a, c, e, g, k, l, n, o (appear in the text)

Unit 12. My dreams and aspirations: READING & WRITING

1. Find someone who

a. Francisco b. Raúl c. Javier d. Santiago e. Marta f. Julieta, Unai
g. Beatriz h. India i. Claudia j. Francisco k. Unai l. Marta

2. Complete with a suitable word

a. Any university course b. Any job c. Quiero / Me gustaría d. Famoso/feliz e. Anyone inspirational
f. Vivir g. Formarme h. Estudiar i. Any location

3. Write an extension of the sentence said by each person on the left

Students' own answers.

Unit 12. My dreams and aspirations: WRITING

1. Complete the following sentences creatively

Students' own answers.

2. Tangled translation

a. Luego quiero ser **abogado** en la **ciudad.**
b. **Luego,** creo que **me gustaría** formarme como **electricista**.
c. ¿**Qué** te gustaría **ser** cuando seas **mayor**?
d. **Creo que** voy a estudiar **en** la **universidad.**
e. Una persona **famosa que** me inspira **es** David Beckham.
f. Él me **inspira** porque lo **más importante** en la vida es **ayudar** a la **gente**
g. Para **mí**, lo más importante **en la vida** es **ser** feliz**.**
h. Creo que **quiero ser** científica.
i. ¿**Qué** vas a **estudiar** el **año** que viene?

3. Spot and correct the (many) mistakes

a. Para **ti**, ¿qué es lo más importante **en** la vida?
b. Cuando sea ma**y**or quiero **ser** artista, no quiero estud**i**ar medicina.
c. **En** el futuro voy a estudiar arq**u**itectura en la universi**d**ad.
d. Creo **que** me gustaría ser artesano y vivir en la monta**ñ**a.
e. Para mí lo **más** importante en **la** vida es ser famos**o**.
f. Creo **que** Taylor Swift **es** muy trabajadora y talentos**a**.
g. Messi es un**a** persona que me inspir**a**.
h. Es importante ayud**a**r a **la** gente y ser feli**z**.

4. Answer the following questions in Spanish.

Students' own answers.

TERM 3 - BRINGING IT ALL TOGETHER - 12

1. Answer the following questions in English

a. Quite near to the city centre b. 6 c. Go to the clothes and food market d. English homework e. They are the tastiest in the world f. She is a nurse g. He is a builder h. Architecture i. Helping people j. Because he is talented and very hard-working

2. Find the Spanish equivalent in Josué's text

a. Mi piso es bastante grande b. Mi hermanastra mayor c. Todos los sábados d. Cuando tengo tiempo e. Tengo ganas de comprar ropa nueva f. Desde mi punto de vista g. Me parece muy estresante h. Dice que le encanta su trabajo i. Él trabaja en varios lugares j. Cuando sea mayor k. También entiendo que l. Una persona que me inspira es m. Ha trabajado duro

3. Complete the translation of paragraph 5

In the **future**, I am **going** to study **architecture** at university because I love art and I **love** drawing. When I am **older**, I **want** to be an architect, but I **would** also like to be an **artist**. **However**, I also believe that I would like to be a **builder** like my **father**. Later on, I would like to **live** in New York for the hustle and bustle of the **city**, but I would **also** like to live in the **countryside** for the **peace** and influence of nature.

4. True (T), False (F) or Not Mentioned (NM)?

a. T b. NM c. T d. F e. T f. F g. T h. F i. T j. F k. T l. T m. F

5. Complete the statements

a. Ricardo, Lupita, her b. Ricardo, Lupita c. Lupita, Ricardo, her d. Father, a lot e. Lupita, see

TERM 3 – MIDPOINT RETRIEVAL – PRACTICE

1. Answer the following questions in Spanish

Students' own answers.

2. Write a paragraph in the first person singular (I) providing the following details

Students' own answers (answers below provided for reference).

a. Me llamo Julián. Tengo diecisiete años y vivo con mis padres y mis hermanas.
b. Mi padre es artista. Le gusta su trabajo.
c. Mi madre es médica. Le encanta su trabajo, pero puede ser estresante.
d. Mi padre trabaja en casa y mi madre trabaja en un hospital en el centro de la ciudad.
e. El año que viene voy a estudiar derecho.
f. Me gustaría ser abogado, pero también me gustaría ser escritor.
g. Para mí lo más importante en la vida es ser feliz, no ser famoso.
h. Una persona famosa que me inspira es Shakira porque ella habla muchas lenguas.

3. Write a paragraph in the third person singular (he/she) about a friend or a family member.

Students' own answers (answers below provided for reference).

a. Mi mejor amigo se llama Sergio, tiene diecisiete años y es de Valencia.
b. Su padre es obrero y su madre es peluquera.
c. A su padre le encanta su trabajo porque es gratificante. Su madre dice que le gusta su trabajo, pero también dice que puede ser agotador.
d. El año que viene Sergio va a estudiar arquitectura en la universidad.
e. Cuando sea mayor le gustaría ser arquitecto.
f. Para él lo más importante en la vida es aprender muchas cosas y ayudar a la gente.

UNIT 13. Talking about celebrities and role models: their journey to success

TRANSCRIPTS

1. Multiple choice

e.g. Una persona que me inspira es Ariana Grande.
a. Ella comenzó su carrera muy joven. b. Al principio de su carrera tuvo que creer en sí misma.
c. Recibió apoyo de su familia durante los momentos difíciles. d. Gracias a su valentía...
e. ...ha logrado tener mucho éxito. f. También ha podido superar desafíos.
g. Se ha convertido en una inspiración.

2. Spot the intruders

a. Una persona famosa que me inspira es Barack Obama.
b. Él comenzó su carrera muy joven.
c. A lo largo de su carrera tuvo que trabajar duro.
d. Recibió apoyo de su familia y sus seguidores.
e. Gracias a su trabajo duro ha logrado superar desafíos.
f. Él ha podido llevar a su equipo a la victoria.
g. Su fama se debe en gran parte a su talento innato.
h. Algún día me gustaría ser como él.

3. Complete the words

a. Me inspira b. Comenzó c. Al principio d. Valiente e. Recibió f. Seguidores
g. Ha logrado h. Su ética i. Ojalá

4. Fill in the blanks

a. Una deportista que me inspira es Mireia Belmonte.
b. Ella comenzó su carrera muy joven.
c. A lo largo de su carrera tuvo que creer en sí misma.
d. Recibió apoyo de su mánager y sus seguidores.
e. Gracias a su valentía ha logrado tener mucho éxito.
f. También ha podido superar desafíos.
g. Su éxito se debe en gran parte a su ética de trabajo.
h. Creo que también se debe a su talento innato.
i. Algún día me gustaría ser como ella.

5. Faulty translation

a. Una persona famosa que me inspira es Shakira.
b. Ella comenzó su carrera muy joven.
c. A lo largo de su carrera tuvo que creer en sí misma.
d. Recibió apoyo de sus seguidores durante los momentos difíciles.
e. Gracias a su perseverancia ha logrado tener mucho éxito...
f. ...y ha podido convertirse en una inspiración.
g. Su éxito se debe en gran parte a su ética de trabajo.
h. Ojalá pueda ser como ella.

6. Complete the table in English

e.g. Una persona famosa que me inspira es Malala. Al principio de su carrera tuvo que ser valiente. Gracias a su valentía ha logrado superar desafíos y ha podido convertirse en una inspiración. Su éxito se debe en gran parte a su valentía.

a. Hola, soy Ana. Una persona famosa que me inspira es Emma Watson. Al principio de su carrera tuvo que creer en sí misma. Gracias a su perseverancia ha logrado ayudar a personas vulnerables y ha podido ganar múltiples premios. Su éxito se debe en gran parte a su ética de trabajo.

b. Hola, soy Raúl. Una persona famosa que me inspira es Cristiano Ronaldo. Al principio de su carrera tuvo que trabajar duro. Gracias a su trabajo duro ha logrado llevar a su equipo a la victoria y ha podido tener mucho éxito. Su éxito se debe en gran parte a su ética de trabajo y su talento innato.

c. Hola, soy Laura. Una persona que me inspira es mi madre. Ella es activista. Al principio de su carrera tuvo que ser valiente. Gracias a su valentía ha logrado tener mucho éxito y ha podido ayudar a personas vulnerables. Su éxito se debe en gran parte a su perseverancia y su ética de trabajo.

7. Narrow listening

Part 1. Pablo

Hola, me llamo Pablo. Una persona que me inspira mucho es Lionel Messi. Él comenzó su carrera muy joven. Al principio de su carrera tuvo que trabajar duro y también tuvo que ser valiente. Recibió apoyo de su familia y su mánager durante los momentos difíciles. Gracias a su perseverancia ha logrado tener mucho éxito y ha podido llevar a su equipo a la victoria. Su éxito se debe en gran parte a su talento innato. Algún día me gustaría ser como él.

Part 2. Elena

Buenos días, soy Elena. Una persona que me inspira mucho es mi abuela. Ella es médica y comenzó su carrera cuando tenía quince años. Al principio de su carrera tuvo que creer en sí misma y trabajar duro. Recibió apoyo de su familia durante los momentos difíciles. Gracias a su trabajo duro ha logrado ayudar a personas enfermas y ha podido tener mucho éxito. Su éxito se debe en gran parte a su ética de trabajo. Ojalá pueda ser como ella.

8. Listen to Joaquín and answer the questions in English

Hola, me llamo Joaquín y vivo en Puerto Rico. Tengo diecisiete años y en mi tiempo libre me encanta escuchar música. Cuando sea mayor me gustaría ser cantante, pero también me gustaría ser profesor. Una persona que me inspira mucho es Bad Bunny. Él comenzó su carrera muy joven. Al principio de su carrera tuvo que trabajar duro y también tuvo que creer en sí mismo. Recibió apoyo de su familia, su mánager y de sus seguidores durante los momentos difíciles. Gracias a su trabajo duro ha logrado tener mucho éxito y ha podido ganar múltiples premios. La mayoría de sus seguidores viven en países hispanohablantes. Su éxito se debe en gran parte a su talento innato y un poco a la suerte. Algún día me gustaría ser como él.

ANSWERS

Unit 13. Talking about celebrities and role models: LISTENING

1. Multiple choice

a. Very young	b. Believe in herself	c. Her family	d. Bravery
e. A lot of success	f. Overcome challenges	g. An inspiration	

2. Spot the intruders

a. Una persona famosa que me ~~es~~ inspira es Barack Obama.
b. Él comenzó su carrera ~~bastante~~ muy joven.
c. A lo largo ~~principio~~ de su carrera tuvo que trabajar duro.
d. Recibió apoyo de su ~~la~~ familia y sus seguidores.
e. Gracias a su ~~el~~ trabajo duro ha logrado superar desafíos.
f. Él ha podido ~~llegar~~ llevar a su equipo a la victoria.
g. Su fama ~~éxito~~ se debe en gran parte a su talento innato.
h. Algún día me gustaría ser como ~~él~~ ella.

3. Complete the words

a. Me i**nspira** b. C**omenzó** c. Al p**rincipio** d. V**aliente** e. R**ecibió**
f. S**eguidores** g. Ha **logrado** h. Su **ét**ica i. O**jalá**

4. Fill in the blanks

a. Una deportista que **me inspira** es Mireia Belmonte. b. Ella comenzó su carrera **muy joven**.
c. A lo largo de su **carrera** tuvo que creer **en sí misma**. d. Recibió **apoyo** de **su** mánager y **sus** seguidores.
e. Gracias a su **valentía** ha logrado tener **mucho éxito**. f. También ha podido **superar desafíos**.
g. Su **éxito** se debe en gran **parte** a su ética de **trabajo**. h. Creo que también **se debe** a su **talento** innato.
i. Algún día **me gustaría** ser como **ella**.

5. Faulty translation

a. A famous person that **inspires** me is Shakira. b. She started her career **very young**.
c. Throughout her career, she had to **believe in herself**.
d. She received support from her **followers** during hard moments.
e. Thanks to her **perseverance**, she has achieved a lot of success…
f. …and has been able to **become an inspiration**. g. Her success is due largely to **her work ethic**.
h. I hope I can be like her.

6. Complete the table in English

a. Emma Watson / Believe in herself / Help vulnerable people, win multiple prizes / Her work ethic
b. Cristiano Ronaldo / Work hard / Lead his team to victory, have a lot of success / His work ethic, his innate talent
c. Her mother / Be brave / Have a lot of success, help vulnerable people / Perseverance and her work ethic

7. Narrow listening

Part 1 - Hello, my **name** is Pablo. A person who **inspires** me a lot is Lionel Messi. He **started** his career very **young**. At the start of his **career**, he had to **work hard** and also had to be **brave**. He received support from his **family** and his **manager** during hard moments. Thanks to his **perseverance**, he has achieved a lot of **success** and he has been able to **lead** his **team** to **victory**. His **success** is due largely to his **innate talent**. Someday, I **would** like to be like him.

Part 2 – Good morning, I am Elena. A **person** who inspires me a **lot** is my **grandmother**. She is a **doctor** and started her career when she was **15 years old**. At the **start** of her career, she had to **believe** in **herself** and **work hard**. She received support from her **family** during hard **moments**. Thanks to her **hard work**, she has achieved helping **sick people** and she has been able to have a **lot** of **success**. Her success is due largely to her **work ethic**. I **hope** I can be like her.

8. Listen to Joaquín and answer the questions in English

a. In Puerto Rico b. 17 c. Listens to music d. Be a singer, be a teacher e. Bad Bunny
f. Very young g. His family, his manager and his followers
h. A lot of success, wining multiple prizes i. In Spanish-speaking countries
j. His innate talent, a bit of luck

Unit 13. Talking about celebrities and role models: VOCAB BUILDING

1. Match

Este verano - This summer
Sus seguidores - His/her followers
Algún día - Someday
Valentía - Bravery
Trabajo duro - Hard work
Su carrera - His/her career
Desafíos - Challenges
Ojalá - I hope
Al principio - At the start
Se debe a - It is due to
Éxito - Success
Convertirse en - Become a/an
A lo largo - Throughout

2. Complete the chunks

a. Antes de volver
b. Este verano
c. De su carrera
d. Bastante tarde
e. Ética de trabajo
f. Ha podido
g. Se debe a
h. Ser valiente
i. Ha logrado
j. Muy joven
k. La fama

3.Break the flow

a. Este verano voy a ir de vacaciones.
b. Normalmente vamos a Portugal.
c. Vamos a quedarnos en un hotel.
d. Comenzó su carrera bastante tarde.
e. Al principio tuvo que trabajar duro.
f. Recibió apoyo de su familia.
g. Gracias a su ética de trabajo.
h. Ha logrado tener mucho éxito.
i. Ha podido superar desafíos.

4. Complete with the missing words in the table below

a. ¿Qué **planes** tienes para este verano?
b. Este verano **voy** a ir de vacaciones.
c. Su éxito **se debe a** su perseverancia.
d. Gracias a su **talento** ha logrado la fama.
e. Ha podido **ganar** múltiples premios.
f. **Recibió** apoyo de sus seguidores.
g. Tuvo que ser valiente **durante** los momentos difíciles.
h. Comenzó su carrera bastante **tarde**.
i. Una persona que me **inspira** es Malala.
j. Algún día, **ojalá** pueda ser como ella.
k. Ha logrado tener mucho **éxito** y **convertirse** en una inspiración.

5. Spot and correct the nonsense sentences (accept any logical corrections)

a. Me inspira porque es antipático.
b. Ha podido superar desafíos. √
c. Su éxito se debe a su poco talento.
d. Recibió apoyo de su mochila.
e. Tuvo que ser ___ durante los momentos difíciles.
f. Ha logrado ser pobre.
g. Ella comenzó muy joven. √

6. Sentence puzzle

a. Este verano voy a ir con mi familia de vacaciones
b. Vamos a quedarnos en un hotel de lujo
c. Gracias a superar desafíos.
d. Ha podido convertirse en una inspiración.
e. Su éxito se debe a su trabajo duro.
f. Algún día me gustaría ser como ellos.
g. Recibió apoyo de su familia.
h. Al principio tuvo que creer en sí mismo.
i. Una persona que me interesa es Marcus Rashford.

7. Gapped translation

a. What plans do **you have** for this summer?
b. **Normally**, we go to Spain in July.
c. Admiro a Greta Thunberg por su **valentía**.
d. Comenzó su carrera muy **joven**.
e. **Algún** día me gustaría ser como él.
f. Ha **logrado** tener mucho éxito.
g. Ha podido llevar a su **equipo** a la victoria.
h. Recibió **apoyo** en los momentos difíciles.
i. **Gracias** a su talento innato.

8. Translate into English

a. This year I am going to go on holidays with my family.
b. Normally we go to Spain by plane.
c. We are going to stay in a youth hostel.
d. What was their journey to fame like?
e. She started her career quite late.
f. Throughout his/her career he/she had to work hard.
g. Thanks to his/her working ethic.
h. His/her success is due to their perseverance.

9. Spot and correct the spelling & grammar mistakes

a. Me interes~~**t**~~a
b. Comen**z**ó su carrera
c. M**e** inspira
d. Gracias **a** su talento
e. Se debe~~**r**~~ a
f. Momentos difícil**es**
g. Ser **v**aliente
h. Mucho éxit**o**
i. Me gustaría **ser**
j. Su ca**r**rera
k. Tenía 15 a**ñ**os
l. Un**a** persona famosa

Unit 13. Talking about celebrities and role models: READING 1

1. Find the Spanish equivalent in the text

a. El comenzó su carrera bastante tarde.
b. En comparación con muchos otros.
c. Tuvo que creer en sí mismo.
d. Gracias a estas cualidades.
e. Ha creado conciencia
f. La importancia de proteger sus hábitats
g. Ha podido superar desafíos importantes en su carrera.
h. Algún día, me gustaría ser cómo él.
i. Tener un impacto positivo.
j. Ojalá pueda motivar a otros a cuidar del medio ambiente.

2. Gapped sentences

a. A **famous** person that inspires and **interests** me.
b. He started his **career** quite late in **comparison** with many others.
c. It didn't stop him from **becoming** an iconic figure.
d. At the start of his career, he had to **believe** in **himself**.
e. Throughout the **years** he has received support from his **family** and **supporters**.
f. His **success** is due to his work ethic, **bravery** and innate **talent**.
g. He has achieved to help many **vulnerable** animals.
h. He has won multiple **prizes/awards** because of his work.
i. He has been able to **overcome** challenges in his **career**.
j. I hope I can **motivate** others to care for the **environment** and protect **animals**.

3. Answer the questions below in English

a. He started quite late in comparison to others in the field.
b. To his work ethic, bravery and innate talent.
c. Some vulnerable animals like elephants, gorillas, tigers and sea turtles.
d. The importance of protecting animal habitats and biodiversity.
e. To have a positive impact in the world.

Unit 13. Talking about celebrities and role models: READING 2

1. Find the Spanish in Cristiano's text

a. Uno de los mejores futbolistas de la historia.
b. Cuando tenía solo 6 años.
c. No fue fácil.
d. Gracias a su perseverancia.
e. Una inspiración para muchas personas.
f. Vivió en Barcelona.
g. Desde que era pequeño.
h. Ha ganado múltiples premios.
i. A través de su organización caritativa.
j. Trabajar duro y nunca rendirme.
k. Así que algún día me gustaría ser como él.
l. Cómo el trabajo duro puede ayudarnos.

2. Spot and correct the mistakes

a. Es uno de los mejor**es** jugadores.
b. Program~~**m**~~as educativos.
c. Su mayor logro fu**e** ganar la copa.
d. Cuando **tenía** solo 6 años.
e. Su **hi**storia me inspira.
f. **A mí** también encanta el fútbol.
g. Y ~~juego~~ **jugó** para el Barcelona FC
h. Organización c~~**h**~~aritativa
i. No fu**e** fácil
j. Una persona **que** me inspira es Messi
k. Recibió **apoyo** de su mánager

3. Answer the questions below in Spanish

a. A los seis años b. Tuvo problemas de crecimiento
c. Ganar la Copa Mundial con Argentina, su país de origen, en el 2022
d. Gracias a su ética de trabajo y talento innato
e. Ha financiado proyectos de construcción de hospitales y programas educativos
f. Su mánager y su familia g. Ocho Balones de Oro
h. Su historia le inspira a creer en sí mismo, trabajar duro y no rendirse nunca

Unit 13. Talking about celebrities and role models: READING & WRITING

1. Answer the questions about the text on the left

a. Because she is a climate activist. b. Noelia.
c. Because of her bravery and the fact that she is the youngest Nobel Peace Prize laureate.
d. She says that she would like to be like her. e. She loves tennis. f. Quite young.
g. To help vulnerable people. h. Rafael Nadal. i. Kaká's. j. Noelia.

2. Find someone who...

a. Gaspar b. Tomás c. Ana d. Isabel e. Estrella f. Tomás g. Isabel, Noelia h. Gaspar

3. Complete the following sentences creatively

Students' own answers.

Unit 13. Talking about celebrities and role models: WRITING

1. Complete the following sentences creatively

Students' own answers.

2. Tangled translation

a. **Él** comenzó **su carrera** cuando tenía **trece años.**
b. Me **inspira** mucho mi **madre** porque tuvo que ser **valiente** toda su **vida**.
c. Beyoncé **no recibió apoyo** de su padre.
d. **Su éxito** se debe a su **ética de trabajo**.
e. **Gracias a** su éxito **ha podido** ayudar a personas vulnerables.
f. Ha podido **convertirse en** una **inspiración.**
g. Algún **día** me gustaría **ayudar** a **personas** vulnerables.

3. Translate into Spanish

a. Ojalá pueda ser como él.
b. Algún día me gustaría ganar múltiples premios.
c. Ojalá algún día pueda ser famoso/a.
d. ¿Qué persona famosa te inspira?
e. ¿Cuándo comenzó (ella) su carrera?
f. Comenzó su carrera bastante tarde, pero (él) ha logrado tener mucho éxito.
g. Al principio de su carrera (ella) tuvo que creer en sí misma y ser valiente.
h. (Ella) Recibió apoyo de sus seguidores a lo largo de su carrera.

4. Choose someone inspiring and write a paragraph in Spanish.

Students' own answers.

TERM 3 – BRINGING IT ALL TOGETHER – 13

1. Answer the following questions in English

a. His parents and his younger brother
b. They both love football and play on the same team
c. Every day
d. Takes out the dog
e. On foot
f. She is a writer
g. It is rewarding and he likes helping people
h. It seems boring
i. A footballer
j. Just in case he does not become a professional footballer
k. His football manager and his family

2. Find the Spanish equivalent in Jorge's text

a. Jugamos en el mismo equipo
b. Hacemos natación
c. Todos los días me levanto
d. Para hacer ejercicio y ser saludable
e. Suelo comer
f. Ella trabaja muy duro
g. Hay que ser creativo
h. Nunca he leído una de sus novelas
i. En las afueras de la ciudad
j. Le gusta ayudar a la gente
k. Me gustaría ser albañil
l. Por si acaso
m. Él comenzó su carrera

3. Complete the translation of paragraph 6

A famous person who **inspires** me is Fernando Torres, an ex-footballer from the **Spanish** international team. He **started** his career very **young**. At the **start** of his **career,** he had to work **hard** and **believe** in himself. He received **support** from his football manager and his **family** during **hard** moments. Thanks to his **perseverance** he has **achieved** a lot of **success** and it is due largely to his work **ethic**. Someday I **would** like to be like him.

4. True (T), False (F) or Not Mentioned (NM)?

a. F b. T c. T d. T e. F f. F g. T h. T i. F j. T k. T l. NM m. T

5. Complete the statements

a. Ferran b. Won, championships c. Go-kart, father d. Long, work ethic e. Llúcia, music

UNIT 14. My summer holiday and back-to-school plans

TRANSCRIPTS

1. Multiple choice

e.g. En mi opinión, prefiero viajar en avión porque es rápido.
a. Este verano voy a ir de vacaciones con mi familia.
b. Normalmente vamos a Portugal, pero este año vamos a Alemania.
c. Vamos a quedarnos en un albergue juvenil.
d. Vamos a pasar tiempo sacando fotos en el mar.
e. Por la mañana me gustaría ir a la playa.
f. Luego, por la tarde voy a pasar tiempo charlando con los amigos.
g. Después de las vacaciones tengo que establecer una rutina.

2. Spot the differences

Este verano voy a ir de vacaciones con mis amigos. Normalmente vamos a Alemania, pero este año vamos a ir a España para pasar dos semanas en Cádiz. Vamos a quedarnos en un hotel de lujo cerca de la playa de la Caleta. Vamos a pasar tiempo nadando en el mar y sacando fotos en la ciudad. Por la mañana me gustaría dar un paseo por la Plaza de las Flores. Después de las vacaciones tengo que comprar material escolar y prepararme para mis clases. Tengo ganas de volver al colegio para seguir estudiando.

3. Complete the words

a. Ir de vacaciones
b. Vamos a quedarnos
c. Albergue juvenil
d. Pasar tiempo
e. Descansando
f. Nadando
g. Jugando
h. Viendo series

4. Fill in the blanks

a. Voy a pasar tiempo haciendo turismo.
b. Tengo que establecer una rutina.
c. Me gustaría dormir hasta tarde.
d. Vamos a quedarnos en un hotel barato.
e. Vamos a pasar tiempo sacando fotos.
f. Voy a pasar tiempo jugando a videojuegos.
g. Tengo que comprar material escolar.
h. Tengo ganas de ver a mis amigos.

5. Tangled translation

Normalmente voy de vacaciones con mi familia, pero este año voy a ir con mi mejor amigo Carlos. Vamos a ir a Portugal y vamos a quedarnos en un hotel de lujo. Vamos a pasar tiempo sacando fotos en la playa. Por la mañana nos gustaría dar un paseo y luego, por la tarde vamos a pasar tiempo viendo series en Netflix. Antes de volver al colegio tengo que establecer una rutina. Tengo ganas de volver al colegio.

6. Complete the table in English

e.g. Este verano voy a ir de vacaciones con mi familia. Normalmente vamos a Francia, pero este año vamos a ir a Barcelona, una ciudad en España. Vamos a quedarnos en un hotel barato cerca de la playa. Me gustaría ir a la playa. También quiero salir con los amigos. Después de las vacaciones tengo que prepararme para mis clases.

a. Hola, soy Estela. Este verano voy a ir de vacaciones con mi familia. Normalmente vamos a Alemania, pero este año vamos a ir a Portugal. Vamos a quedarnos en un hotel de lujo en el centro de la ciudad. Vamos a pasar tiempo haciendo senderismo en la montaña. También me gustaría ir a la playa. Después de las vacaciones tengo que actualizar mi calendario.

b. Hola, me llamo Martina. Este verano voy a ir de vacaciones con mis amigos. Normalmente voy a Inglaterra con mi familia, pero este año voy a ir a Alemania con mis amigos. Vamos a quedarnos en un albergue juvenil. Vamos a pasar tiempo sacando fotos. También me gustaría dormir hasta tarde. Después de las vacaciones tengo que comprar material escolar.

c. Hola, soy Héctor. Este verano voy a ir de vacaciones con mi hermano. Normalmente vamos a Francia, pero este año vamos a ir a Egipto. Vamos a quedarnos en un hotel de lujo. Vamos a pasar tiempo nadando en el mar. También me gustaría hacer turismo y ver las pirámides. Después de las vacaciones tengo que actualizar mi calendario.

7. Narrow listening

Part 1 – Hola, soy Marta y tengo veinte años. Este verano voy a ir de vacaciones con mi familia. Normalmente vamos a Valencia, pero este año vamos a ir a los Estados Unidos. Vamos a quedarnos en un hotel de lujo. Vamos a pasar tiempo sacando fotos en la montaña y en el mar. Durante las vacaciones me gustaría comer platos típicos. Después de las vacaciones tengo que prepararme para volver al colegio.

Part 2 – Buenos días, me llamo Felipe y tengo quince años. Este verano voy a ir de vacaciones con mi amigo y su familia. Normalmente voy a Francia, pero este año voy a ir a Portugal. Vamos a quedarnos en un hotel barato. Vamos a pasar tiempo haciendo turismo y descansando. Durante las vacaciones me gustaría ir a la playa. Después de las vacaciones tengo que establecer una rutina.

8. Listen to Alicia and answer the questions in English

Hola, soy Alicia. Tengo catorce años y soy de Toledo, cerca de la capital de España. Este verano voy a ir de vacaciones con mi familia. Normalmente vamos a Inglaterra, pero este año vamos a ir a Edimburgo, la capital de Escocia. Vamos a quedarnos en un hotel de lujo en el centro de la ciudad. Vamos a pasar tiempo haciendo turismo y sacando fotos en la ciudad. Por la mañana me gustaría dormir hasta tarde. Luego, por la tarde voy a pasar tiempo charlando con los amigos por WhatsApp. Antes de volver al colegio tengo que establecer una rutina. Tengo ganas de volver al colegio para ver a mis amigos.

ANSWERS

Unit 14. My summer holiday and back-to-school plans: LISTENING

1. Multiple choice

a. Family b. Portugal c. A youth hostel d. Taking photos e. Go to the beach f. Chatting to friends g. Establish a routine

2. Spot the differences

Este verano voy a ir de vacaciones con **mi familia**. Normalmente vamos a **Italia** pero este año **será diferente.** Vamos a ir a España para pasar **una semana** en Cádiz. Vamos a quedarnos en un hotel **barato** cerca de la playa de la Caleta. Vamos a pasar tiempo nadando en el mar y **haciendo turismo** en la ciudad. Por la mañana me gustaría **dar un paseo** por la Plaza de las Flores. Después de las vacaciones tengo que comprar **material escolar** y prepararme para mis clases. Tengo ganas de volver al colegio para **volver a la rutina.**

3. Complete the words

a. **Ir** de v**acaciones** b. V**amos** a q**ue**darnos c. A**lbergue** juvenil d. P**asar** ti**empo**
e. D**escansando** f. N**adando** g. J**ugando** h. V**iendo** s**eries**

4. Fill in the blanks

a. Voy a pasar tiempo **haciendo turismo**.
b. Tengo que **establecer una rutina**.
c. Me gustaría **dormir hasta tarde**.
d. Vamos a quedarnos en **un hotel barato**.
e. Vamos a pasar tiempo **sacando fotos**.
f. **Voy a pasar tiempo** jugando a videojuegos.
g. Tengo que **comprar material escolar**.
h. Tengo ganas de **ver a mis amigos**.

5. Tangled translation

Normalmente **voy** de **vacaciones** con mi **familia**, pero este año voy a ir **con** mi mejor **amigo** Carlos. Vamos a ir a Portugal y vamos a **quedarnos** en un hotel de **lujo**. Vamos a **pasar** tiempo **sacando fotos** en la playa. Por la **mañana** nos gustaría dar un **paseo** y luego, por la **tarde** vamos a pasar **tiempo** viendo series **en** Netflix. Antes de volver al **colegio** tengo que **establecer** una **rutina**. Tengo ganas de **volver** al colegio.

6. Complete the table in English

a. Portugal / Luxury hotel in the city centre / Hiking in the mountains, go to the beach / Update calendar
b. Germany / Youth hostel / Taking photos, sleep late / Buy school equipment
c. Egypt / Luxury hotel / Swimming in the sea / Sightseeing

7. Narrow listening

Part 1 - Hello, I'm **Marta** and I am **20** years old. This summer, I am going to go on holiday with my **family**. Normally, we go to **Valencia** but this year **we** are going to go to **the USA**. We are going to stay in a **luxury hotel**. We are going to spend time **taking photos** in the **mountains** and in the **sea**. During the holidays, I would like to **eat** typical **dishes**. **After** the holidays, I need to **prepare** to go **back to school.**

Part 2 – Good morning, my **name** is **Felipe** and I am **15** years old. This **summer**, I am going to go on holiday with **my friend** and his **family**. Normally, **I** go to **France** but this year I am going to go to **Portugal**. **We** are going to stay in a **cheap** hotel. We are going to spend time **sightseeing** and **relaxing**. During the holidays, I **would like** to go to the **beach**. After the **holidays**, I have to **establish** a **routine**.

8. Listen to Alicia and answer the questions in English

a. 14 b. Toledo, near the capital of Spain c. England d. Edinburgh, the capital of Scotland
e. In a luxury hotel in the city centre f. Sightseeing, taking photos in the city g. Sleep until late
h. Chat to her friends through WhatsApp i. Establish a routine j. To see her friends

Unit 14. My summer holiday and back-to-school plans: VOCAB BUILDING

1. Match

Este verano – This summer
En la montaña – In the mountains
Pasar tiempo – To spend time
Tengo ganas de – I'm looking forward to
Salir – To go out
Tengo que – I have to
Después – After
Un hotel de lujo – A luxury hotel
Nadando – Swimming
Este año – This year
Senderismo – Hiking
Un albergue juvenil – A youth hostel
En el mar – In the sea

2. Complete the chunks

a. Voy a ir b. Un hotel de lujo c. Tengo ganas d. Ir a la playa
e. En la ciudad f. Por la tarde g. Un hotel barato h. En la montaña
i. Sacando fotos j. Dar un paseo k. Tengo que

3. Break the flow

a. Este verano voy a ir de vacaciones con mi familia.
b. Normalmente vamos a España, pero este año vamos a ir a Alemania.
c. Vamos a quedarnos en un hotel de lujo en el casco antiguo.
d. Antes de volver al colegio tengo que establecer una rutina.
e. Después de las vacaciones tengo que actualizar mi calendario.
f. Me gustaría ir de vacaciones con mis amigos.
g. Este año voy a ir a la playa en Portugal.
h. Por la mañana me gustaría dormir hasta tarde.

4. Multiple choice

A cheap hotel – Un hotel barato
Carry on studying – Seguir estudiando
I am looking forward to – Tengo ganas de
After – Después (de)
This summer – Este verano
Sightseeing – Haciendo turismo
This year – Este año
We are going to – Vamos a

5. Sentence puzzle

a. Vamos a quedarnos en un albergue juvenil cerca de la playa.
b. Por la mañana me gustaría dormir en el hotel hasta tarde.
c. Voy a pasar tiempo sacando fotos en la montaña.
d. Me gustaría ir a la playa y salir con mis amigos.
e. Durante las vacaciones vamos a hacer muchas cosas.
f. Por la mañana voy a pasar tiempo nadando en el mar.
g. Antes de volver del colegio tengo que volver a la rutina.

6. Anagrams

a. Verano b. Barato c. Senderismo d. Paseo e. Dormir f. Jugando g. Descansando

7. Faulty translation

a. In the morning, I would like **to sleep** until late.
b. Later, we are going to spend time watching a **series**.
c. We are going to **stay in** a youth hostel.
d. This **summer,** I am going to go on holiday.
e. I'm going to go with my **friends.**

8. Gapped translation

a. What plans do **you have** for **this** summer?
b. **During** the holidays, I am **going** to do **many** things.
c. Are you looking forward to **going back** to **school?**
d. How are you going to **spend** your time?
e. We are going to **stay** in a youth **hostel**
f. I need to **update** my calendar.
g. I would like to **sleep until** late.
h. I have to **carry on** studying
i. In the **afternoon**, I am going to spend time **watching** a series.

9. Translate into English

a. After the holidays, I have to buy school supplies.
b. Later, in the afternoon I'm going to spend time playing video games.
c. During the holidays, I am going to go to the mountains and I am going to do many things.
d. Normally, we go to a cheap hotel but this year we are going to a luxury hotel.
e. I'm looking forward to going back to school to get back into a routine and see my friends.

Unit 14. My summer holiday and back-to-school plans: READING 1

1. Find the Spanish equivalent in the text

a. También tenemos una mascota
b. Pasamos dos o tres semanas allí
c. Un hotel de lujo
d. Este verano vamos a hacer
e. Lo bueno de este camping
f. Vamos a viajar
g. Voy a comer caramelos
h. Le encanta descansar

2. Gapped sentences

a. This **summer,** Valentina is going to go on holiday to **Germany**.
b. She is going to stay in a **campsite** with her **family**. c. She is going to **travel** to Germany by **car**.
d. She has a **dog** which is called **Katt**. e. It is **lazier** than a sloth. f. The trip **lasts/takes** four **hours**.
g. During the trip, she is going to listen to **music** and eat **sweets**.
h. During the holidays, she will spend time **resting,** doing **sightseeing** and taking **photos** in the city.
i. She is looking forward to it, she **thinks** it will be **fun**.

3. Answer the questions below in Spanish

a. Normalmente Valentina va de vacaciones a Inglaterra b. Es un perro c. Va a quedarse en un camping
d. El viaje dura cuatro horas e. Lo bueno del camping es que permiten perros

Unit 14. My summer holiday and back-to-school plans: READING 2

1. Find the Spanish in Vega's text

a. En el sur de Portugal
b. Un albergue juvenil
c. Cerca de la playa
d. Según las reseñas
e. Nadando en ríos y lagos
f. Hablando de nuestras aventuras
g. Para relajarme y disfrutar del sol
h. Otros pueblos
i. También salir con mis amigos
j. Las vacaciones son geniales

2. Spot and correct the mistakes

a. Las vacaciones son **geniales**
b. Vamos a **pasar** un rato jugando **a** videojuegos
c. Vamos a **quedarnos** en un albergue **juvenil**
d. Normalmente **vamos** a España o Francia
e. Me gustaría ir a la playa para **relajarme**
f. Tengo **muchas** ganas de volver al colegio
g. Cerca **de la** playa
h. Explorar otros pueblos **pequeños**
i. Tengo que **comprar** material escolar

3. True, false or not mentioned

a. False b. Not mentioned c. True d. False e. Not mentioned f. True g. False h. True

4. Answer in Spanish as if you were Janina

a. Normalmente vamos de vacaciones a España o Francia.
b. Porque queremos/nos gustaría hacer algo diferente.
c. El albergue está situado cerca de la playa.
d. Vamos a pasar mucho tiempo haciendo senderismo, nadando en ríos y lagos, y sacando fotos de los bonitos paisajes de la montaña.
e. Vamos a pasar un rato jugando a videojuegos, hablando de nuestras aventuras y charlando hasta tarde.
f. Vamos a nadar en ríos y lagos.
g. Tengo que comprar material escolar, establecer una nueva rutina y prepararme bien para las clases.
h. Sí. Para seguir estudiando y ver a mis amigos.

Unit 14. My summer holiday and back-to-school plans: READING & WRITING

1. Find someone who

a. Rocío b. Raúl c. Manolo d. José e. Laura f. Felipe g. Manolo h. Ana i. Rocío j. Felipe k. Ana

2. Complete with a suitable word

Students' own answers.

3. Write an extension of the sentence said by each person on the left

Students' own answers.

Unit 14. My summer holiday and back-to-school plans: WRITING

1. Complete the following sentences creatively

Students' own answers.

2. Translate into Spanish

a. Este verano voy a ir de vacaciones con mi mejor amigo/a.
b. Durante las vacaciones, vamos a hacer muchas cosas.
c. Por la mañana voy a pasar tiempo sacando fotos.
d. Vamos a hacer senderismo en la montaña

3. Answer the following sentences creatively

Students' own answers.

TERM 3 – BRINGING IT ALL TOGETHER – 14

1. Answer the following questions in English

a. None b. He does not like it because there are many rules and lessons are boring.
c. Because they do not have holidays this year. d. By train. e. To the Pyrenees. f. Three. g. To do rafting.
h. To Benalmadena, a very touristic place in Southern Spain.

2. Find the Spanish equivalent in José María's text

a. No tengo mascota b. Voy al instituto cerca de casa c. Un lugar muy turístico
d. Lo pasé bomba e. Había muchas cosas que hacer f. Tengo planes de ir a Francia
g. Por primera vez h. Deportes de riesgo i. ¡Qué emocionante!
j. Lo que no me gusta nada es la rutina diaria k. No tengo ganas l. Lo bueno es

3. Complete the translation of paragraphs 5 & 6

5. In the Pyrenees, there are **many things** to do and it is a great **destination** for travelling with **pets**. In the mornings, we would like to go for a **walk** with Fifi and go **hiking**. You can also do all kinds of risky **sports**, for example rafting in **rapids**. How exciting!

6. What I don't like at all is the **daily** routine, so I don't feel like going back to **school**. However, after the **holidays,** I'm going to **update** my calendar and **prepare** for classes. And the **good** thing is that I'm going to see my **friends**!

4. True, False or Not Mentioned

a. T b. NM c. F d. F e. T f. F g. NM h. T i. F j. NM k. T l. NM m. T

5, Complete the statements

a. Valeria and Lucas are **siblings.**
b. Valeria is **going** to spend the holiday at her **grandparents'** small town.
c. Lucas would have preferred to go to the **beach.**
d. Lucas has to **study** in the mornings so he cannot **go out**.
e. Lucas thinks the best holidays were **last year**.
f. The small town is boring because there are no **shops** nor **WiFi.**

END OF TERM 3 – QUESTION SKILLS

TRANSCRIPTS & ANSWERS

1. Fill in the missing words

a. ¿Qué trabajo hace tu **madre**?
b. ¿**Le** gusta su **trabajo**?
c. ¿**Dónde** trabaja?
d. ¿Qué **vas** a estudiar el **año** que viene?
e. ¿Qué te **gustaría** ser cuando seas mayor?
f. ¿Dónde **te** gustaría **trabajar**?
g. Para ti, ¿qué es lo más **importante** en la **vida**?
h. ¿Qué persona **famosa** te inspira? ¿Por qué?
i. ¿Cómo fue su **camino** a la **fama**?
j. ¿Cuándo **comenzó** su carrera?
k. ¿Qué ha **logrado**?
l. ¿Qué **planes** tienes para este **verano**?
m. ¿Cómo vas a **pasar** el **tiempo**?
n. ¿**Tienes** ganas de volver al colegio? ¿Por qué?
o. ¿Cómo vas a **prepararte** para **volver** al colegio?

2. Choose the option that you hear

a. Mi madre es **médica.**
b. Le gusta porque es **gratificante**.
c. Trabaja en **un hospital.**
d. Voy a estudiar **medicina**.
e. Voy a formarme como **albañil**.
f. Me gustaría trabajar en **Alemania.**
g. **Ser feliz**.
h. Me inspira **Lamine Yamal**.
i. Comenzó su carrera **joven**.
j. Su carrera comenzó en el **2012.**
k. **Superar desafíos**.
l. Este verano voy a ir a **Grecia**.
m. **Nadando**.
n. Sí, para ver a **mis amigos**.
o. Tengo que **comprar material escolar.**

3. Listen and write in the missing information

a. Mi **padre** es **granjero**. b. Le **gusta** su **trabajo** porque es **activo**. c. Trabaja en una **granja** en las **afueras**.
d. Voy a estudiar **derecho** porque **quiero** ser **abogada.** e. Voy a **formarme** como **fontanera.**
f. Me **gustaría** trabajar en **España**. g. Para mí, lo más importante es **ganar mucho dinero**.
h. Me inspira **Lionel Messi** porque **es muy talentoso**. i. **Comenzó** su carrera **muy joven**.
j. Su **carrera** comenzó en el **2004**. k. Ha logrado ganar **muchos premios** e inspirar a **mucha gente**.
l. Este verano vamos a ir a **los Estados Unidos**. m. Voy a pasar tiempo **sacando fotos**.
n. Sí, tengo ganas de **ver a mis amigos**. o. **Después** de las vacaciones **tengo que comprar** material escolar.

www.ingramcontent.com/pod-product-compliance
Lightning Source LLC
LaVergne TN
LVHW060824170826
845678LV00010B/1891

9783911386081